Kohl!

Marion Kiesewetter · Günther Ahr
Fotos von Ursula Sonnenberg und Hans Dieter Kellner

Kohl!

Traditionelle und neue Kohlgerichte

BOYENS

Liebe Leserinnen und Leser,

lassen Sie sich nicht länger „verkohlen“ von denjenigen, die Kohlgerichte fett und langweilig finden. Wir setzten hinter das Wort Kohl sogar noch ein Ausrufezeichen ! und sagen damit: unbedingt gehört das Gemüse auf Ihren Speiseplan.

Nicht nur, dass Kohl in allen Variationen ein reichhaltiger Vitamin-Spender ist, Kohl ist zudem sehr schmackhaft und ganz vielfältig in die Rezepturen einzubringen.

Natürlich ist es kein Zufall, dass diese neuen, frischen und phantasievollen Rezepte rund um Rot- und Weißkohl, Spitzkohl und Wirsing (etc.) aus dem Westen Schleswig-Holsteins stammen, liegt in Dithmarschen doch das größte, zusammenhängende Kohlanbaugebiet Europas. Es sind die Marschen im Nordseewind, die den idealen Boden und das geeignete Klima bieten, die Kohl großartig und schädlingsfrei gedeihen lassen.

Seit 20 Jahren gibt es in Dithmarschen im September Kohltage, die Küchenmeister veranlasst haben, mit vielen neuen Ideen ihre Kompetenz unter Beweis zu stellen. Zum Jubiläum haben nun die Fernsehköchin Marion Kiesewetter und der Büsumer Meisterkoch Günther Ahr ein Feuerwerk an Kohlgenüssen kreiert, ausprobiert und aufs Feinste abgeschmeckt: Neben altbekannten Gerichten, verjüngt und an den heutigen Geschmack angepasst, hat dieses Küchenteam überraschende Neuheiten anzubieten, so z. B. ein gebranntes Wirsingkohlsüppchen, Kohlfrikadellen und eine Wirsing-Bratapfel-Torte.

Wir wünschen Ihnen mit diesem Buch viel Erfolg bei Ihren Tischgästen, die Sie nicht mehr länger „schmoren“ lassen sollten, denn die haben ja „Kohldampf“.

Ihr

BOYENS
BUCHVERLAG

SUPPEN UND VORSPEISEN

Weißkohl-Salat

4 Personen

MARINADE

- Saft von 1 Zitrone
- 400 ml Apfelsaft
- 2 EL Aceto Balsamico, weiß
- 2 TL Zucker
- rote Kresse

- 1 kg Weißkohl, in Streifen geschnitten
- 1 gr. Möhre, in Streifen geschnitten
- 1 gr. Orange, filetiert

Zutaten der Marinade in eine Schüssel geben und miteinander verrühren. Einweghandschuhe anziehen. Weißkohlstreifen zur Marinade geben und mit den Händen kräftig durchwalken. 2 Stunden ziehen lassen. Möhrenstreifen unterziehen. Kohl auf vier Tellern anrichten und mit Orangenfilets und roter Kresse garnieren.

Gebackene Rotkohlbällchen

Zutaten für 20 Bällchen

- 6 EL Aceto Balsamico, weiß
- 1 kl. Rotkohl, fein geschnitten
- 2 saure Äpfel (Boskop), geschält und fein geschnitten
- 200 ml Apfelsaft
- 200 ml Gemüsefond (siehe Beilagen)
- Zucker
- Meersalz
- 4 EL Speisestärke
- 50 ml Apfelsaft
- Mehl, Eigelb, Paniermehl zum Panieren
- Fett für die Fritteuse

Balsamico über den Rotkohl gießen und durchwalken. Äpfel, Apfelsaft und Gemüsefond in einen Topf geben und kurz aufkochen lassen. Rotkohl hinzugeben und durchrühren. Zugedeckt aufkochen lassen und mit Zucker und Salz abschmecken. Bei kleiner Hitze ca. 50 Minuten köcheln lassen. Rotkohl testen, ob weich genug, ansonsten die Kochzeit etwas verlängern. Speisestärke mit Apfelsaft verrühren und den Kohl damit andicken. Danach erkalten lassen und mit Einweghandschuhen zu Kugeln drehen. Anschließend (wie ein Schnitzel) in Mehl, Eigelb und Paniermehl wenden. In der Fritteuse bei 140 °C frittieren. Auf Küchenpapier abtropfen lassen.

UNSER TIPP

Wer einen deftigeren Geschmack liebt, kann 1 EL Speckwürfel in Schmalz auslassen und zum Rotkohl geben.

ROTKOHL auch Blaukraut genannt, hat den gleichen Stammbaum wie sein weißer großer Bruder. Der Rotkohl ändert seine Farbe je nach pH-Wert des Bodens. In sauren Böden erscheint er eher rot, in alkalischen Böden dagegen bläulich. Je mehr Säure (Äpfel, Essig) beim Kochen zum Kohl gegeben wird, um so roter wird das Gericht. Statt Essig frisch gepressten Orangensaft hinzugegeben, verleiht dem Rotkohl eine fruchtige Note. Wer Zucker sparen möchte, schmeckt den Kohl ganz zum Schluss mit Preiselbeeren, Johannisbeergelee oder Honig ab.

Öl oder Butterschmalz in einen Topf geben, erhitzen und die Schalotten darin glasig werden lassen. Speck hinzugeben und 1 Minute dünsten. Danach Möhre und Röschen dazugeben und garen. Wirsing, Kochschinken und Fond hinzugeben und 5 Minuten köcheln lassen. Mit Salz, Pfeffer und Chili abschmecken.

Blätterteig 10 Minuten vor dem Backvorgang aus dem Gefrierfach nehmen und den Rand von einer Seite mit

Gebranntes Wirsingkohlsüppchen

unter der Blätterteighaube

2 Personen

- 2 TL Öl oder Butterschmalz
- 2 Schalotten, in Streifen geschnitten
- 2 TL ausgelassener Speck
- ½ Möhre, in feine Streifen geschnitten
- 6–8 kleine Broccoli- oder Romaneco-Röschen
- 4 Wirsingkohlblätter, in Streifen geschnitten
- 2 Scheiben Kochschinken, in feine Streifen geschnitten
- 500 ml Fond ihres Geschmacks
- Meersalz
- schwarzer Pfeffer aus der Mühle
- 1 Prise Chili
- 2 Scheiben TK-Blätterteig, viereckig
- 2 Eigelb

UNSER TIPP

Die Suppe kann man schon am Vortag zubereiten. Sie muss kalt in die Tassen gefüllt werden, weil der Blätterteig sonst durch die Wärme zusammen fallen würde.

Eigelb einpinseln. Die Suppentassen mit der kalten Suppe $^3/_4$ füllen und den Blätterteig darüber legen. Die überlappenden Ränder seitlich fest mit dem Eigelbrand an die Tasse drücken. Obere Fläche mit Eigelb bestreichen und im vorgeheizten Backofen bei 140 °C 20 Minuten garen. Zum Schluss den Blätterteig bei 160 °C goldgelb Farbe ziehen lassen.

Kohl-Puten-Pie

6 Portionen

PIE-TEIG
- 250 g Mehl 405
- 125 g Magerquark
- 120 g weiche Butter
- 1 Ei
- ½ TL Meersalz

FÜLLUNG
- 150 g Putenbrust, ohne Fett und Sehnen
- 50 g Butter
- 2 Schalotten, gewürfelt
- 50 g Hokkaido-Kürbis, gewürfelt
- 25 g Wirsingkohl, in Streifen geschnitten
- 25 g Rosenkohl, entblättert
- Meersalz
- ger. Muskatnuss
- 3 Eier
- 150 ml Sahne
- 50 g geriebener Käse (nach Geschmack)
- 50 g Pinienkerne, geröstet
- Rosenkohlblätter zum Garnieren

UNSER TIPP

Die Schale vom Hokkaido-Kürbis ist essbar, wird aber erst beim Kochen weich.

Mehl, Quark, Butter, Ei und Salz zu einem glatten Teig verarbeiten. Anschließend in Folie einwickeln und 60 Minuten kalt stellen.

Pute waschen, abtupfen und in 3 cm große Würfel schneiden.

Butter in einer Pfanne erhitzen, Putenbrust darin anbraten. Schalotten, Hokkaido-Kürbis und Wirsingkohl nach 3 Minuten hinzugeben. Nach weiteren 2 Minuten die Rosenkohlblätter hinzutun und 2 Minuten unter Schwenken köcheln lassen. Mit Salz und Muskat würzen, beiseite stellen und abkühlen lassen.

Eier mit der Sahne und dem Käse vermengen.

Teig auf einer leicht bemehlten Arbeitsfläche ausrollen.

Pie-Form einfetten, mit Mehl bestäuben und mit dem Teig auslegen. Teigränder andrücken und mit der Putenmischung füllen. Mit der Ei-Käse-Sahne-Mischung aufgießen.

Im vorgeheizten Backofen bei 160 °C ca. 20 Minuten backen. Pie aus der Form heben und auf Tellern anrichten. Mit Pinienkernen bestreuen und mit Rosenkohlblättern garnieren.

Dazu passt ein frischer Salat

Trilogie von Kohlsüppchen

Trilogie von Kohlsüppchen

mit Lammlachse im Gurkenmantel

WIRSINGKOHLSÜPPCHEN

4 Personen

- 1 Schalotte, gewürfelt
- 1 EL geklärte Butter (siehe Beilagen)
- 100 g Wirsingkohl, in feine Streifen geschnitten
- 1 TL Meersalz
- 1 TL Zucker
- 1 EL glatte Petersilie, gehackt
- 300 ml Gemüsefond (siehe Beilagen)
- 50 ml Sahne

Schalotte in Butter glasig werden lassen. Wirsingkohl dazugeben und kurz dünsten. Salz, Zucker und Petersilie hinzugeben. Mit Gemüsefond aufgießen und alles 10 Minuten köcheln lassen. Sahne zum Wirsingkohl geben und mit dem Pürierstab pürieren, bis eine homogene Masse entsteht. Abschmecken.

ROTKOHLSÜPPCHEN

4 Personen

- 1 Schalotte, gewürfelt
- 1 EL geklärte Butter (siehe Beilagen)
- 100 g Rotkohl, in feine Streifen geschnitten
- 1 TL Meersalz
- 1 TL Zucker
- 1 EL Rote-Bete-Saft
- 300 ml Gemüsefond (siehe Beilagen)
- 50 ml Sahne

Schalotte in Butter glasig werden lassen. Rotkohl dazugeben und kurz dünsten. Gewürze hinzugeben. Mit Rote-Bete-Saft und Gemüsefond aufgießen und alles 10 Minuten köcheln lassen. Sahne zum Rotkohl geben und mit dem Pürierstab pürieren bis eine homogene Masse entsteht. Abschmecken.

WEISSKOHLSÜPPCHEN

4 Personen

- 1 Schalotte, gewürfelt
- 1 EL geklärte Butter (siehe Beilagen)
- 100 g Weißkohl, in feine Streifen geschnitten
- 1 TL Safranfäden, in 1 EL trockenen Weißwein eingelegt
- 1 Prise Kreuzkümmel
- 1 TL Meersalz
- 1 TL Zucker
- 300 ml Gemüsefond (siehe Beilagen)
- 50 ml Sahne

Schalotte in Butter glasig werden lassen. Weißkohl dazugeben und kurz dünsten. Safranfäden, Kreuzkümmel, Salz und Zucker hinzugeben. Mit Gemüsefond aufgießen und alles 10 Minuten köcheln lassen. Sahne zum Weißkohl geben und mit dem Pürierstab pürieren, bis eine homogene Masse entsteht. Abschmecken.

LAMMLACHSE IM GURKENMANTEL

Zubereitung passt zu allen Suppen

- Alufolie
- 2 Lammlachse
- Meersalz
- schwarzer Pfeffer aus der Mühle
- 1 Salatgurke

Während das Süppchen köchelt, 2 Stücke Alufolie (2 x 40 cm) ausbreiten. Lammlachse salzen und pfeffern, auf die Folie legen und fest einwickeln. Im vorgeheizten Backofen bei 180 °C 8 Minuten garen. Aus dem Ofen nehmen und ruhen lassen. Mit einem Sparschäler pro Lammlachs 5–6 Gurkenstreifen der Länge nach abschälen, nebeneinander auf die Arbeitsfläche legen und das Lamm darin einwickeln. Zum Servieren aus der Mitte der Lammlachse vier gleich große Stücke schneiden und mit der rosa Schnittstelle mittig in die Suppe setzen (siehe Foto Rotkohlsüppchen). Die Lammenden in Streifen schneiden und dazu reichen.

SERVIERVORSCHLAG

Die drei Suppen in drei Behälter mit Ausgießer füllen, mit einer dritten helfenden Hand gleichzeitig in einen Pastateller gießen (siehe Foto S. 16–17) und die Lammlachse in die Mitte setzen. Eine edle Vorspeise. Man kann aber auch nach Geschmack jede Rezeptur einzeln zubereiten und genießen.

UNSER TIPP

Die Rezepturen sind ohne Fleisch auch für Vegetarier geeignet. Wer den Geschmack kräftiger möchte, verwendet Rinder- oder Kalbsfond (siehe Beilagen).

UNSER TIPP

Wenn nötig, die Süppchen mit ½ geriebenen rohen Kartoffel andicken.

Kohl-Tapas

Wirsingkohltaschen mit Ziegenkäse
Broccoli mit Flusskrebsen im Kartoffelnest
Kohl-Cappuccino

4 Personen

WIRSINGKOHLTASCHEN

- 4 große Wirsingkohlblätter
- 4 kleine runde Ziegenkäse (á 20–25 g)
- 60 g Pesto von glatter Petersilie (siehe Beilagen)
- Meersalz
- schwarzer Pfeffer aus der Mühle
- 2 EL Rapsöl

BROCCOLI MIT FLUSSKREBSEN IM KARTOFFELNEST

KARTOFFELNESTER

- 4 große Kartoffeln
- Fett für die Fritteuse
- Meersalz
- 2 Teesiebe die ineinander passen

BROCCOLI/FLUSSKREBSE

- 6 ganze Flusskrebse, abgekocht
- 1 kl. Broccoli, in Röschen geteilt
- 400 ml Gemüsefond (siehe Beilagen)

KOHL-CAPPUCCINO

- 120 ml Kohlfond
- 2 TL Rapsblütenhonig
- 1 Tütchen Cappuccino-Pulver
- 200 ml Milch
- Kakaopulver

WIRSINGKOHLTASCHEN

Wirsingkohlblätter waschen und 20-30 Sekunden in Salzwasser blanchieren. Anschließend in kaltem Wasser abschrecken. Blätter auf einer Arbeitsplatte auslegen, ein Stück Ziegenkäse in die Mitte setzen, mit Pesto bestreichen und fest einwickeln. Wirsingkohltaschen mit Salz und Pfeffer würzen und in Rapsöl von beiden Seiten 2 Minuten braten. Als Vorspeise oder Beilage anrichten und mit gebundener Rotkohlsaft-Sauce (siehe Beilagen) garnieren.

KARTOFFELNESTER

Kartoffeln schälen, waschen und auf einer großen Reibe in Streifen reiben. Ein größeres Sieb mit den Kartoffelstreifen auslegen und mit einem kleineren Sieb fest andrücken. Fett auf 140 °C erhitzen, die Siebe hineinhalten und goldgelb ausbacken. Kartoffelnest im warmen Zustand aus dem Sieb lösen und auf Küchenpapier abtropfen lassen. Mit Meersalz würzen.

BROCCOLI/FLUSSKREBSE

Zwei Krebsschwänze aus der Schale lösen und zerzupfen. Broccoliröschen in Gemüsefond blanchieren, danach in Eiswasser abschrecken und abtropfen lassen. Anschließend mit den Krebsschwänzen vermischen und in die Kartoffelnester füllen. Restliche Krebsschwänze aus der Schale lösen und die Kartoffelnester damit dekorieren.

KOHL-CAPPUCCINO

Kakaotassen anfeuchten und mit Kakaopulver bestäuben. Kohlfond zum Kochen bringen, Honig und Cappuccino-Pulver einrühren. Milch aufschäumen. Kohl-Cappuccino auf vier kleine Mokkatassen verteilen, Milchschaum darauf setzen und mit Kakao-Pulver bestreuen.

Rosenkohl-Tomaten-Suppe mit Polenta

4 Personen

- 2 kg reife Tomaten
- 1 Bund Basilikum
- 1 Knoblauchzehe
- Meersalz
- schwarzer Pfeffer aus der Mühle
- ½ TL Zucker
- 2 EL Aceto Balsamico,weiß
- ½ Stange Porree, in feine Ringe geschnitten
- 200 g Rosenkohl, entblättert
- Polenta (siehe Beilagen)

Tomaten waschen, bis auf zwei Stück in grobe Würfel schneiden. Basilikum abbrausen, trockenschütteln und hacken. Knoblauch pellen und fein hacken. Alles vermischen, mit den Gewürzen und Balsamico vermengen und pürieren.

Sieb mit einem Passiertuch auslegen. Tomatenwürfel hineingeben, abdecken und den Saft über Nacht auffangen. Sollte zu wenig Flüssigkeit entstehen, mit Gemüsefond (siehe Beilagen) auffüllen.

Restliche Tomaten häuten und fein würfeln. Den über Nacht gewonnenen Fond mit dem Porree, Rosenkohlblättern und Tomatenwürfeln kurz aufkochen und nochmals abschmecken.

Suppe auf Tellern anrichten, mit ausgestochenen Polenta-Figuren und Rosenkohlblättchen garnieren und servieren.

UNSER TIPP

Man kann aus der Polenta für den Liebsten auch eine Herzform oder für Kinder lustige Figuren ausstechen. Polenta-Reste, gewürfelt, können nach Bedarf auch unter die Suppe gezogen werden.

Kohl-Krabben-Terrine

4–6 Personen

- 150 g Sauerkraut
- 1 Scheibe Ananas, in Stücke geschnitten
- 1 EL Mango, fein gehackt
- ½ Chilischote, fein gehackt
- 50 ml Gemüse- oder Fleischfond
- Meersalz
- Zucker
- 2 Blatt Gelatine, weiß

- 150 g Rotkohl, fein geschnitten
- ½ Apfel, geschält, fein gehackt
- 50 ml Rote-Bete-Saft
- Meersalz
- Zucker
- 2 Blatt Gelatine, weiß

BÉCHAMELSAUCE

- 2 EL Butter
- 1 EL Mehl
- 100 ml Gemüsefond (siehe Beilagen)
- 100 ml Sahne
- 3 Blatt Gelatine, weiß

- 3 EL Nordseekrabben
- 3 EL Sahne
- 2 Blatt Gelatine, weiß
- 3 El Nordseekrabben

- 3 Blatt Yaki Nori (Seealgen, Asia-Shop)

Sauerkraut mit Ananas, Mango, Chili und Fond aufkochen und zugedeckt 10 Minuten köcheln lassen. Mit Salz und Zucker abschmecken und die eingeweichte, ausgedrückte Gelatine hineinrühren.

Rotkohl, Apfel und Rote-Bete-Saft aufkochen und zugedeckt 20 Minuten köcheln lassen. Mit Salz und Zucker abschmecken und die eingeweichte, ausgedrückte Gelatine hineinrühren.

Butter in einem Topf erhitzen, Mehl einrühren und mit dem heißen Gemüsefond aufgießen. Wenn es kocht, die Sahne unterziehen. Eingeweichte, ausgedrückte Gelatine unterheben.

Terrinenform mit Backpapier oder Alufolie auslegen und die Béchamelsauce hineingießen. 1 Stunde im Kühlschrank fest werden lassen.

3 EL Krabben mit der Sahne pürieren und erwärmen. Eingeweichte, ausgedrückte Gelatine unterheben und die ganzen Krabben unterziehen.

Seealgen Yaki Nori zurecht schneiden und die Béchamelsauce damit belegen. Sauerkraut darauf verteilen und 20 Minuten kalt stellen. Danach wieder jeweils mit Seealgen belegen und die Rotkohl- und zuletzt die Krabbenschicht darauf verteilen. Die Terrine vor dem Anschnitt 2–3 Stunden kalt stellen.

Mit einem Dip servieren

Bunter Kohlsalat

8–10 Personen

- ¼ Weißkohl
- ¼ Wirsingkohl
- ¼ Rotkohl
- Meersalz
- 1 Rote Bete, geschält (siehe Beilagen)
- ½ Salatgurke
- 1 Kohlrabi
- 2 Möhren
- 10 Radieschen
- 4 Gewürzgurken
- 1 Pck. Paprika-Sticks, scharf, für die Garnitur

DRESSING

- 1 Becher saure Sahne
- 1 Becher Schmand
- 2 EL Aceto Balsamico, weiß
- 1 EL Zucker
- 1 Bund Schnittlauch, in feine Ringe geschnitten
- Meersalz
- schwarzer Pfeffer aus der Mühle

Kohlsorten putzen, Strunk entfernen und in feine Rauten schneiden. In kochendem Salzwasser 3 Minuten blanchieren. Den Rotkohl wegen der Verfärbung separat blanchieren. In kaltem Wasser abschrecken. Rote Bete in feine Streifen schneiden. Salatgurke waschen, der Länge nach halbieren, entkernen und in halbmondförmige Scheiben schneiden. Kohlrabi und Möhren schälen und in feine Streifen schneiden. Radieschen in Stifte und Gewürzgurken in Streifen schneiden. Alle Zutaten in eine Schüssel geben und miteinander vermischen.

Für das Dressing saure Sahne, Schmand, Balsamico, Zucker und Schnittlauch zu einer cremigen Salatsauce verarbeiten und mit Salz und Pfeffer würzen. Nach Geschmack einen Schuss Gurkenwasser hinzugeben. Dressing unter den Salat heben, in Gläsern anrichten und mit Paprika-Sticks garnieren.

Spitzkohl-Kartoffelpuffer

mit Forellenkaviar

4 Personen

- 500 g Spitzkohl, fein geschnitten
- 1 EL geklärte Butter (siehe Beilagen)
- 3 EL ausgelassener Speck
- 500 g Kartoffeln
- 1 Zwiebel
- 1 Knoblauchzehe, gehackt
- 3 Eier
- 100 g Mehl
- 1 Prise ger. Muskatnuss
- Meersalz
- schwarzer Pfeffer aus der Mühle
- 100 g Semmelbrösel
- Schmalz zum Braten
- Crème fraîche
- Forellenkaviar
- 4 Zweige Dill

Spitzkohl in einer Pfanne mit geklärter Butter und ausgelassenem Speck ca. 10 Minuten garen. Abkühlen lassen.

Kartoffeln schälen, reiben, abtropfen lassen und das Kartoffelwasser auffangen. Die abgesetzte Stärke mit einem Sieb abschöpfen und zusammen mit dem Spitzkohl unter die Kartoffeln mengen.

Zwiebel pellen, reiben und zusammen mit Knoblauch, Eiern, Mehl, Muskat, Salz, Pfeffer und Semmelbrösel zu der Kohl-Kartoffelmasse geben und zu einem Teig verarbeiten.

Schmalz in einer Pfanne erhitzen, den Kohl-Kartoffelteig mit einem Esslöffel in die heiße Pfanne geben, zu kleinen runden Puffern plattieren (ausstreichen) und kross ausbacken. Mit einem Klacks Crème fraîch, Forellenkaviar, Dill und Spitzkohlstreifen anrichten. Ohne Speck und Forellenkaviar auch für Vegetarier geeignet.

SPITZKOHL auch Spitzkraut oder Sommerkohl genannt, ist ein Frühkohl und gilt wegen seines feinen Geschmacks als Delikatesse. Seinen Namen verdankt er seiner Form, denn er wächst im Gegensatz zu Weißkohl spitz und kegelförmig in die Höhe.

Spitzkohl-Krebs-Törtchen

4 Personen

- 200 g mehlige Kartoffeln
- 1 Bund Dill
- 4 EL Rapsöl
- Meersalz
- 1 Prise Cayennepfeffer
- 400 g Flusskrebsfleisch, gekocht
- 4 EL Aceto Balsamico, weiß
- 200 g gestovter Spitz- oder Weißkohl (siehe Beilagen)

Kartoffeln waschen und mit der Schale in etwas Salzwasser (Kartoffeln nicht ganz bedecken) 30 Minuten ohne Deckel gar dünsten. Anschließend abgießen und lauwarm pellen.

Dill abbrausen, trockenschütteln, bis auf 4 Zweige, klein hacken.

Pellkartoffeln mit 2 EL Rapsöl und gehacktem Dill stampfen. Mit Salz und Cayennepfeffer würzen.

Krebsfleisch zerkleinern und in einer Schüssel mit Balsamico und 2 EL Rapsöl marinieren. Mit Cayennepfeffer und Salz pikant abschmecken.

Vier Ringe von 10 cm Durchmesser mittig auf vier flache Teller setzen und schichtweise mit Dillkartoffelmus, Krebsfleisch und gestovtem Spitzkohl füllen. Leicht andrücken und die Ringe vorsichtig entfernen. Mit Dillzweigen garnieren.

Dazu: Weiße Tomatensauce (siehe Beilagen)

Er stammt vermutlich aus China und wird erst seit rund 150 Jahren bei uns angebaut. Von Mai bis Dezember wird der Spitzkohl in Deutschland geerntet. Er kann als Rohkost, gedünstet oder geschmort gegessen werden. Ein zarter Fitmacher!

Winterlicher Pak-Choi-Salat

mit Portwein-Aceto-Balsamico-Vinaigrette

4 Personen

- 500 g frische Rote Bete, gehäutet (siehe Beilagen)
- 75 g Zucker
- 1 TL Butter
- 4 EL Aceto Balsamico, rot
- 3 EL Wasser
- 1 EL Rapsöl
- Meersalz
- schwarzer Pfeffer aus der Mühle
- 100 g Rucola
- 4 runde Stücke Ziegenkäse (á 40 g)
- 4 TL Rapshonig
- 2 Köpfe Pak-Choi
- 40 g Rote-Bete-Sprossen

PORTWEIN-ACETO-BALSAMICO-VINAIGRETTE

- 2 EL Puderzucker
- 100 ml Portwein
- 250 ml Gemüsefond (siehe Beilagen)
- 4 EL Aceto Balsamico di Modena (13 Jahre im Fass gelagert)
- Rapsöl

PAK-CHOI auch Blätterkohl oder chinesischer Senfkohl genannt, erinnert an Mangold. Sein Senföl, das antibiotische, keimtötende und reinigende Wirkung hat, kann das Cholesterin senken, schützt das Herz und das Knochengerüst vor Osteoporose. Seine weißlichen Stiele sind saftig, knackig und von mildem Geschmack. Zuerst werden die in Stücke geschnittenen Stiele gekocht. Die Blätter kommen erst ganz zum Schluss hinzu. Pak-Choi wird gekocht als Gemüse und roh als Salat zubereitet, besonders eignet sich hierfür der „Mini Pak-Choi“.

Rote Bete in dünne Scheiben schneiden. Zucker und Butter karamellisieren und mit Balsamico und Wasser ablöschen. Köcheln lassen bis sich der Karamell gelöst hat. Rote Bete mit dem Öl hinzugeben und leicht rühren. Mit Salz und Pfeffer abschmecken und beiseite stellen. Rucola putzen, abbrausen und trockenschütteln. Ziegenkäsetaler auf ein mit Backpapier belegtes

Backblech legen, mit Honig bestreichen und im vorgeheizten Backofen bei Oberhitze 3–5 Minuten grillen.
Pak-Choi und Rucola auf vier Tellern anrichten. Die lauwarmen Rote-Bete-Scheiben darauf verteilen. Jeweils mit 1 Ziegenkäsetaler belegen. Mit Rote-Bete-Sprossen garnieren und mit der Vinaigrette beträufeln.
Diese Rezeptur lebt von der guten Qualität der Zutaten.

VINAIGRETTE

Puderzucker in einem Topf karamellisieren lassen und mit Portwein ablöschen. Gemüsefond unterziehen und noch einmal kurz erhitzen. 10 Minuten köcheln, danach abkühlen lassen. Aceto Balsamico unterziehen. Vinaigrette über den Salat träufeln und einen Schuss kalt gepresstes Rapsöl hinzugeben.

Biskuitboden mit runden Ausstechern (9 x 5,5 cm) 4mal ausstechen und den Boden in den Ringen lassen. Je eine Schicht Rotkohl, Schinkenscheibe, Rosenkohl, Schinkenscheibe, Weißkohl, Schinkenscheibe darauf schichten, mit einem Löffel andrücken und kühl stellen. Béchamelsauce zubereiten. 3 Blatt Gelatine eingeweicht und ausgedrückt hinein rühren und ebenfalls kalt stellen. Wenn die Sauce anfängt zu gelieren, in die Förmchen gießen (nicht ganz bis zum Rand) und 10 Minuten in die Kühlung stellen.

Gemüsefond und Weißwein aufkochen lassen. 1 Blatt eingeweichte und ausgedrückte Gelatine unterrühren und kalt stellen. Tartes mit Wirsingstreifen garnieren und mit

Tartes von Rot-, Rosen- und Weißkohl

mit Büsumer Nordseekrabben

4 Tartes

- 1 Biskuitboden (siehe Beilagen)
- 400 g Rotkohl (siehe Beilagen, „Gebackene Rotkohlbällchen“)
- 12 Scheiben Kochschinken, 12mal rund (9 x 5,5 cm) ausgestochen
- 400 g Rosenkohlblätter, 3 Minuten in Butter blanchiert
- 400 g gestovter Weißkohl (siehe Beilagen)
- 400 g Béchamelsauce (siehe Beilagen)
- 3 Blatt weiße Gelatine
- 100 ml Gemüsefond (siehe Beilagen)
- 50 ml Weißwein
- 1 Blatt weiße Gelatine
- 4 Streifen Wirsingkohl (Deko)
- 400 g Nordseekrabben

KRABBEN-SAUCE

- 400 ml Gemüsefond (siehe Beilagen)
- 4 EL Nordseekrabben

dem klaren Fond (kurz vor dem Gelieren) überziehen. 3–4 Stunden erkalten lassen. Die Förmchen auf vier Tellern anrichten, vorsichtig mit einem spitzen Messer aus der Form lösen und nach oben ziehen. Nordseekrabben drum herum legen. Mit Kräutern und Krabben-Sauce garnieren.

KRABBEN-SAUCE

Gemüsefond erhitzen. Krabbenfleisch hinzugeben und mit dem Pürierstab pürieren.

HAUPTGERICHTE

Eisbein mit Sauerkraut und Erbspüree

4 Personen

- 1 Bund Suppengrün
- 4 Eisbeine
- 4 Gewürznelken
- 2 Lorbeerblätter
- 1 Zwiebel
- 4 Pimentkörner
- 10 Pfefferkörner
- 40 g Butter
- 2 Zwiebeln, gewürfelt
- 750 g Sauerkraut
- 5 Wacholderbeeren
- 1 Prise Meersalz
- 1 Prise Zucker

GRÜNES ERBSPÜREE

- 2 EL Gänseschmalz
- 2 Schalotten, fein gewürfelt
- 300 ml Gemüsefond (siehe Beilagen)
- 500 g TK-Erbsen
- 250 ml Sahne oder Schmand
- Meersalz
- Zucker
- ger. Muskatnuss
- 100 g ausgelassene Speck- und Zwiebelwürfel

Suppengrün putzen, waschen und in Würfel schneiden. Eisbeine waschen, trockentupfen und in kaltem Wasser aufsetzen. Suppengrün und eine mit Nelken und einem Lorbeerblatt gespickte Zwiebel hinzugeben. Pimentkörner und 5 Pfefferkörner dazutun. Alles bei schwacher Hitze ca. 2½ Stunden gar kochen.

In der Zwischenzeit Butter in einem Topf erhitzen und die Zwiebelwürfel darin glasig dünsten. Das abgetropfte Sauerkraut hinzugeben und ein wenig auflockern. Restliche Pfefferkörner, Wacholderbeeren und Lorbeerblatt hinzutun und ca. 1 Stunde garen lassen. Mit Salz und Zucker würzen.

UNSER TIPP

Eisbeine nach dem Kochen auf ein Backblech legen, die Schwarte mit einem scharfen Messer vorsichtig einritzen und im vorgeheizten Backofen bei 180 °C ca. 30 Minuten goldgelb backen.

Schmalz in einem Topf erhitzen und die Schalotten darin glasieren. Mit Gemüsefond aufgießen, TK-Erbsen hinzugeben und ca. 10 Minuten garen. Anschließend mit dem Pürierstab pürieren. Sahne oder Schmand hinzugeben und mit den Gewürzen abschmecken. Mit ausgelassenen Speck- und Zwiebelwürfeln bestreuen. Bereitet man das Erbspüree mit geschälten grünen Erbsen zu, diese dann zum Gemüsefond geben und 1 Stunde garen.

UNSER TIPP

Ist das Erbspüree zu flüssig, beim Kochen mit einer geriebenen Kartoffel andicken.

SAUERKRAUT gilt international als das bekannteste deutsche Nationalgericht.

Schon vor Christi Geburt erfanden die Chinesen eine Methode, ihren Kohl als Wintervorrat in Reiswein einzulegen. Später entwickelten sie die Gartöpfe und vermischten den Kohl mit Salz. Den Seefahrern erhielt Sauerkraut Leben und Gesundheit. Captain Cook führte 60 Fässer davon auf seiner dreijährigen Weltumseglung mit und bewahrte dadurch seine Seeleute vor Skorbut. Die vielen Schutz-, Wirk- und Heilstoffe des Kohls werden durch Milchsäuregärung erhalten und machen ihn zur Vitamin-C-Bombe.
Sauerkraut ist als Beilage zu deftigem Fleisch und Kartoffeln, als Eintopf, herzhaften Kuchen, Suppen und Rohkostsalaten bekannt. Besonders schätzt man es, wenn es noch einmal aufgewärmt wird (Wilhelm Busch: Witwe Bolte).

Dithmarscher Kohlroulade

4 Personen

- 1 großer Wirsingkohl
- 2 EL Meersalz
- 1 TL Kümmel
- 1 kg Rinderhack
- 4 alte Brötchen, eingeweicht
- 1 EL Ketchup
- 1 EL Senf, mittelscharf
- Meersalz
- schwarzer Pfeffer aus der Mühle
- 2 EL Gänseschmalz oder durchwachsener Speck zum Anbraten
- 2 Schalotten, gewürfelt
- 500 ml Rinderfond (siehe Beilagen)
- 1 l Kohlfond
- 1 EL Mehl
- 1 EL Butter
- 8 Scheiben Schinkenspeck

UNSER TIPP

Je nach Geschmack eignen sich auch Weiß-, Spitz- oder Rotkohl.

Den Strunk vom Wirsingkohl kreisförmig herausschneiden und die äußeren Blätter entfernen. Wasser mit Salz und Kümmel in einem großen Topf zum Kochen bringen. Kohlkopf mit der Oberseite nach unten hineingeben, sodass er mit Wasser bedeckt ist. Die sich lösenden Blätter mit einer Gabel aus dem Wasser nehmen. Pro Roulade 4–5 Blätter. Restlichen Kohl aus dem Topf nehmen, beiseite stellen und erkalten lassen. Danach vierteln und für die Sauce in Streifen schneiden. Kohlfond aufheben.

Hack in eine Schüssel geben. Brötchen kräftig ausdrücken und Ketchup und Senf hinzugeben. Mit Salz und Pfeffer kräftig würzen und alles durchkneten. Zur Geschmackskontrolle 1 EL Hack in einer Pfanne anbraten und den Geschmack testen, denn nur im warmen Zustand kann man Hack optimal abschmecken.

Für die Rouladen je 4–5 blanchierte Wirsingkohlblätter auf einer Arbeitsplatte übereinander legen und jeweils ein Viertel vom Hack in die Mitte setzen. Kohlblätter von unten nach oben aufrollen, Seiten bis zur Mitte einschlagen und den Rest fest aufrollen. Man benötigt kein Garn oder Zahnstocher um die Roulade zusammen zu halten, wenn man sie mit der Nahtstelle nach unten zuerst anbrät.

WIRSINGKOHL den hübschen grünen Krauskopf, gibt es das ganze Jahr über zu kaufen. Zuerst als milderer Frühwirsing, später als Herbstmodell wird er dicker, fester und schmeckt auch würziger. Je nach Sorte ist er dunkelgrün bis gelb. Lange war er in der feinen Küche verschmäht aber seit einiger Zeit macht er Karriere, auch bei den Großmeistern der Haute Cuisine.

Er ist als Salat, Eintopf, Kohlroulade u.s.w. sehr vielseitig verwendbar, da seine Blätter zarter sind als die der meisten Kohlsorten
Er ist sehr vitaminreich, kalorienarm und enthält wie alle Kohlsorten reichlich heilsame Schwefelöle, besonders viel Chlorophyll und doppelt so viel Eiweiß, Fette, Eisen und Phosphor wie Weiß- und Rotkohl.
Auch als Kompresse ist er bei Prellungen, Entzündungen oder Bauchweh sehr hilfreich. Entrippen Sie einfach die Wirsingblätter, legen Sie sie kurz in den heißen Backofen oder in kochendes Wasser, platt klopfen, sofort auf die schmerzende Stelle legen und mit einer Decke bedecken. Oft ist der Schmerz schnell verflogen. Es lohnt sich, solch eine „Grüne Wärmflasche" einmal auszuprobieren.

Schmalz oder durchwachsene Speckwürfel in einem Schmortopf auslassen, Rouladen hineinsetzen und von allen Seiten anbraten. Anschließend herausnehmen und im Backofen bei 120 °C ca. 60 Minuten garen. Schalotten im Schmortopf glasieren, Wirsingkohlstreifen hinzugeben, leicht anbraten und mit Rinderfond und Kohlfond aufgießen. Aufkochen lassen und bei kleiner Hitze 20 Minuten garen.

Mehl und Butter miteinander verrühren (Mehlbutter siehe Beilagen) und die Sauce damit binden. Mit Salz und Pfeffer abschmecken. Rouladen zu der Sauce geben und weitere 10–15 Minuten garen. Schinkenspeck auf Mikrowellengeschirr legen, abdecken und bei halber Kraft 2½ Minuten in der Mikrowelle knusprig braten.

Sauce auf vier Tellern verteilen, Rouladen darauf anrichten und mit Schinkenspeck garnieren. Aus den Zutaten kann man auch eine große Roulade zubereiten und in Scheiben geschnitten servieren.

Dazu: Salzkartoffeln

DAS ESSEN KINDER GERN

Rosenkohl-Pflaumen-Süppchen

4 Personen

- 100 g Rosenkohl
- Meersalz
- 1 Prise ger. Muskatnuss
- Eiswasser
- 100 g Petersilienwurzel, in Streifen geschnitten
- 100 g Kartoffeln, geschält und geviertelt
- 2 Schalotten, gewürfelt
- 75 g frische Pflaumen, entkernt
- 2 EL Rapsöl
- 600 ml Gemüsefond (siehe Beilagen)
- 1 TL Puderzucker
- 1 geschälte Kartoffel, in Streifen geschnitten
- Fett für die Fritteuse
- schwarzer Pfeffer aus der Mühle
- 100 ml Sahne, steif geschlagen
- Zimt

Rosenkohl putzen, vierteln und 5 Minuten in Salzwasser und Muskat blanchieren. Abgießen und in Eiswasser abschrecken.

Petersilienwurzeln, Kartoffeln, Rosenkohl, Schalotten und Pflaumen in Rapsöl 10 Minuten andünsten. Davon 2 EL abnehmen, mit 2 EL Gemüsefond pürieren und beiseite stellen.

Restliches Gemüse und Pflaumen mit Puderzucker bestäuben und mit dem Gemüsefond aufgießen. Zugedeckt bei kleiner Hitze weich kochen.

Kartoffelstreifen in der Fritteuse goldgelb ausbacken und auf Küchenpapier abtropfen lassen.

Suppe mit dem Pürierstab pürieren und mit Salz und Pfeffer abschmecken. Sahne unterheben. Mit Pflaumen-Gemüse-Püree, dünn geschnittenen Pflaumenscheiben und Zimt garnieren und die frittierten Kartoffelstreifen darauf geben.

UNSER TIPP

Statt Pflaumen eignen sich auch Pfirsiche, Nektarinen oder Aprikosen.

Gefüllte Kohlrabi mit Lachsschinken

4 Personen

- 4 große Kohlrabi
- Meersalz
- 2 Möhren, gewürfelt
- 2 EL Rapsöl
- 1 Schalotte, gewürfelt
- 300 ml Gemüsefond (siehe Beilagen)
- 250 ml Crème fraîche
- weißer Saucenbinder
- 1 kl. Bund Kerbel, gehackt
- 4 Zweige Kerbel für die Garnitur
- Meersalz
- schwarzer Pfeffer aus der Mühle
- 750 g Kartoffeln
- 150 ml Milch
- 2 EL Margarine
- 30 g Sesamsamen
- 2 Frühlingszwiebeln, in feine Ringe geschnitten
- Muskat
- 150 g Lachsschinken

Kohlrabi schälen, halbieren und mit einem Kugelausstecher aushöhlen. Darauf achten, dass ein äußerer Rand stehen bleibt. Kügelchen aufheben. Anschließend Kohlrabihälften und -kügelchen in kochendem Salzwasser 15 Minuten bei kleiner Hitze garen. Möhrenwürfel hinzugeben und 10 Minuten mit garen lassen. Abgießen und warm stellen.

Öl in einer Pfanne erhitzen, Schalotte darin glasig dünsten. Kohlrabikügelchen und Möhrenwürfel hinzugeben, mit Gemüsefond aufgießen und 5 Minuten köcheln lassen. Crème fraîche hinzugeben, kurz aufkochen lassen und mit etwas Saucenbinder andicken. Kerbel hinzugeben und mit Salz und Pfeffer abschmecken. Kartoffeln schälen, klein schneiden und 20 Minuten in Salzwasser garen. Abgießen, lauwarme Milch hinzugeben und zu Mus stampfen.

Margarine erhitzen und den Sesam darin anrösten. Frühlingszwiebeln hinzutun und nach 2 Minuten alles unter das Püree heben. Mit Muskat abschmecken. Die vier Kohlrabi mit dem Püree füllen und mit Gemüse und Lachsschinken anrichten. Mit Kerbel garnieren.

Wirsing-Kohlrabi-Möhren-Lasagne 

4 Personen

- 1 Wirsingkohl, mittelgroß
- Meersalz
- 400 ml Gemüsefond (siehe Beilagen)
- 1 kg Kartoffeln, in Scheiben geschnitten
- 1 Kohlrabi, in Scheiben geschnitten
- 2 große Möhren, in Scheiben geschnitten
- Fett für die Form
- Paniermehl für die Form
- Meersalz
- schwarzer Pfeffer aus der Mühle
- 1 Bund glatte Petersilie, gehackt
- 50 g gehackte Mandeln, geröstet
- 50 g Pinienkerne, geröstet
- 100 ml Sahne
- 80 g Käse ihres Geschmacks, gerieben

Wirsingkohl putzen und in kochendem Salzwasser blanchieren. Kohl aus dem Topf nehmen und das Kohlwasser aufheben. Wirsing vorsichtig entblättern.

Gemüsefond mit etwas Kohlbrühe zum Kochen bringen und Kartoffeln, Kohlrabi und Möhren darin garen. Danach in ein Sieb gießen.

Eine rechteckige oder runde Lasagneform einfetten, mit Paniermehl bestreuen und mit hellen Wirsingkohlblättern großzügig auslegen. Gemüse darauf verteilen und würzen. Mit Petersilie, Mandeln und Pinienkernen bestreuen. Grüne Wirsingblätter in Streifen schneiden und darüber geben. Sahne und Käse verrühren und darauf verteilen. Im vorgeheizten Backofen bei 160 °C ca. 35–40 Minuten garen bis die Oberfläche goldgelb ist.

Dazu: Tomatensauce

Kohlrabi-Kartoffel-Blinis mit Gänsecarpaccio

Kohlrabi-Kartoffel-Blinis

mit Gänsecarpaccio

4 Personen

- 200 g Gänsebrust
- 100 g Kartoffeln
- 100 g Kohlrabi
- 75 ml Milch
- 10 g Hefe
- 3 Eier
- 1 TL Backpulver
- 120 g Mehl 405
- Meersalz
- schwarzer Pfeffer aus der Mühle
- ger. Muskatnuss
- 3 EL geklärte Butter (siehe Beilagen)
- ½ Granatapfel

KOHLRABI auch „Stängelkohl" genannt, kam im Mittelalter aus Italien zu uns und wurde ein „deutsches Gemüse". Schon 150 g decken den Tagesbedarf an Vitamin C. Der Gehalt an Vitamin und der an Beta-Carotin und vielen Mineralien ist in den Blättern zwei- bis dreimal so hoch wie in der Knolle. Darum sollte man die Blätter, klein gehackt, immer mit verwenden und ganz zum Schluss hinzugeben. Im Frühjahr sollte man die ersten Freiland-Kohlrabi, dünn geschält, aus der Hand essen. Jung und zart schmecken sie roh wirklich am besten. Aber auch gefüllt oder als Gemüse in weißer Sauce ein Hochgenuss.

Gänsebrust am Vortag in Folie wickeln und einfrieren.

Kartoffeln mit Schale waschen. Kohlrabi schälen, waschen und beides 25 Minuten kochen. Abgießen und Abschrecken damit sie nicht weiter garen.

Kartoffeln pellen und mit dem Kohlrabi durch die Kartoffelpresse in eine Schüssel pressen.

Milch erwärmen und die Hefe darin auflösen. Eier trennen. Eigelb, Backpulver, Hefemilch und Mehl zu der Kohlrabi-Kartoffel-Masse geben und zu einem Teig verarbeiten. Mit Salz, Pfeffer und Muskat würzen. Eiweiß steif schlagen und unterheben. Teig 30 Minuten gehen lassen.

Butter in einer Pfanne erhitzen und darin 3 x 4 Blinis ausbacken (16 Stück).

Gänsebrust 20 Minuten vor dem Anrichten aus der Tiefkühltruhe nehmen.

Granatapfel entkernen und die Kerne in Butter anrösten.

Gänsebrust mit einer Aufschnittmaschine in hauchdünne Scheiben schneiden, wie eine Blume drapieren und auf den Blinis anrichten. Mit Granatapfelkernen garnieren. Ohne Gänsebrust auch für Vegetarier geeignet.

Dazu: Spitzkohl-Fenchel-Dip (siehe Beilagen)

Grünkohl wie zu Großmutters Zeiten

mit Kasseler, Schweinebacke und Kochwurst

4–8 Personen oder für zwei Tage

- 1 Kasseler Nacken mit Knochen
- 2 geräucherte Schweinebacken
- 500 g Gänseschmalz
- 2 Gemüsezwiebeln, gewürfelt
- 4 kg frischer Grünkohl, geputzt, mehrfach gründlich gewaschen und grob gezupft, ersatzweise 6 kg TK-Grünkohl (nicht aus Dosen oder Gläsern)
- 4 EL Senf, mittelscharf
- Meersalz
- 8 Kochwürste nach Ihrer Wahl
- 6 rohe, geschälte Kartoffeln zum Abbinden

Kasseler Nacken und Schweinebacken mit kaltem Wasser bedeckt zum Kochen bringen. Wenn das Wasser aufkocht, langsam auf kleiner Flamme 50 Minuten köcheln lassen. Danach den Kasseler Nacken aus dem Topf nehmen und die Schweinebacken noch weitere 30 Minuten garen. Wenn der Kasseler Nacken erkaltet ist, vom Knochen trennen. Restliches Fleisch vom Knochen schaben, es wird später zum Grünkohl gegeben. Fleischbrühe aufheben.

Schmalz in einem Topf erhitzen und die Zwiebeln darin glasig dünsten. Mit der Kasseler Fleischbrühe aufgießen. Den grob gezupften Grünkohl hinzugeben und zugedeckt 20 Minuten kochen lassen. Danach mit Senf abschmecken und das klein geschnittene Knochenfleisch unterheben. Weitere 60 Minuten garen.

Nach diesem Rezept ist der Grünkohl erst am nächsten Tag fertig, da er nach dem Erkalten und erneuten Erwärmen an Geschmack gewinnt. Mit Salz sollte man vorsichtig umgehen, da die Kochwürste am nächsten Tag noch hinzu kommen.

Topf mit einem Deckel halb abdecken und an einem kühlen Ort bis zum nächsten Tag erkalten lassen. Ohne Deckel am nächsten Tag aufkochen. Die Kochwürste hinzugeben, dabei des Öfteren umrühren und 20 Minuten kochen lassen. Wenn der Grünkohl zu flüssig ist. Die rohen Kartoffeln hinzu reiben und damit andicken. Nochmals Abschmecken.

Kasseler Nacken und Schweinebacken portionieren, zum Grünkohl geben und 10 Minuten erwärmen.

Grünkohl auf vier Tellern anrichten und mit Kasseler Nacken, Schweinebacke und Kochwurst belegen.

Dazu: Röstkartoffeln

GRÜNKOHL ein typisches Wintergemüse, auch Braunkohl, Winterkohl oder Krauskohl genannt. Ein Kraftprotz, der in Norddeutschland mehr geschätzt wird als in Deutschlands Süden.

Nach dem ersten Frost entfaltet er seinen richtigen Geschmack, denn dadurch wird die Stärke zu Zucker umgewandelt und er wird so noch verdaulicher. Falls er zu früh geerntet wurde und noch keinen Frost bekommen hat, legen Sie den geputzten Kohl einfach kurz ins Gefrierfach. Seine Saison geht von Ende September bis Februar/März.

Grünkohl ist eines der wertvollsten Gemüse, ein echter Star an Nähr- und Wirkstoffen. Er ist nach den Möhren der zweitstärkste Lieferant des Provitamins A und rangiert bei Vitamin C gleich hinter Paprika.
Er wird hauptsächlich gedünstet oder geschmort. Blanchiert schmeckt er durchaus auch als Salat.

Blumenkohl Lukull

4 Personen

- 4 kl. Blumenkohl
- Meersalz
- 1 Schuss Milch
- 200 g Butter
- 3 EL Mehl
- 600 ml Blumenkohlwasser
- 200 ml Sahne
- Meersalz
- schwarzer Pfeffer aus der Mühle
- ger. Muskatnuss
- 1 Spritzer Zitronensaft
- 200 g Butter
- 4 EL Semmelbrösel
- 4 Scheiben Kochschinken, in Streifen geschnitten

Blumenkohl putzen, Strunk kreuzweise einschneiden und in kochendem Salzwasser und etwas Milch, mit dem Strunk nach unten, ca. 20 Minuten kochen. Kohl aus dem Wasser nehmen und warm stellen.

Butter in einem Topf erhitzen. Mehl hineinrühren, mit dem Blumenkohlwasser ablöschen und aufkochen lassen. Sahne unterziehen und mit Salz, Pfeffer, Muskat und Zitronensaft abschmecken.

Butter zerlassen, Semmelbrösel hinzufügen und leicht anbräunen.

Blumenkohl auf vier Tellern anrichten. Mit Béchamelsauce überziehen und die Butter mit den Semmelbröseln darüber träufeln. Mit Schinkenstreifen umlegen. Ohne Schinken auch für Vegetarier geeignet.

UNSER TIPP

Dieses Rezept eignet sich auch sehr gut mit Broccoli oder Romanesco.

Sauerkraut-Blechkuchen

TEIG

- 500 g Magerquark
- 100 ml Milch
- 1 Ei
- Meersalz
- 100 ml Rapsöl
- 500 g Mehl
- 1 Pck. Backpulver

BELAG

- 1 Gemüsezwiebel, gewürfelt
- 2 rote Paprikaschoten, in Stücke geschnitten
- 20 ml Rapsöl
- 1 kg Sauerkraut
- Meersalz
- schwarzer Pfeffer aus der Mühle
- 1 TL Zucker
- 1 EL Kümmel

- 250 g Holsteiner Katenrauch-Mettwurst, in Scheiben
- 4 Eier
- 200 ml Sahne
- Meersalz
- schwarzer Pfeffer aus der Mühle

- Fett für das Blech
- frische Kräuter zum Garnieren

Quark, Milch. Ei, Salz und Rapsöl verrühren und mit Mehl und Backpulver zu einem glatten Teig verarbeiten. 20 Minuten ruhen lassen.

Zwiebel und Paprika mit dem Rapsöl in einem Topf erhitzen und glasig dünsten. Sauerkraut hinzugeben und bei mittlerer Hitze 15 Minuten garen. Mit Salz, Pfeffer, Zucker und Kümmel würzen.

Teig auf einer bemehlten Arbeitsfläche ausrollen, auf ein gefettetes Backblech legen und die Ränder hochziehen. Mit der Sauerkraut-Paprika-Mischung belegen und die Mettwurst darauf verteilen.

Eier mit der Sahne verschlagen, mit Salz und Pfeffer würzen und darüber geben.

Im vorgeheizten Backofen bei 180 °C ca. 40 Minuten knusprig backen. Noch warm mit frischen Kräutern garniert servieren.

Bunter Kohl-Stuten

- 350 g Kürbisfleisch, gewürfelt
- 350 g Wirsingkohl, in feine Rauten geschnitten
- 150 ml Apfelsaft
- 4 Eigelb
- 150 g Zucker
- ½ TL frischer Ingwer, gehackt
- ½ TL Lebkuchengewürz
- 100 g Rosinen, in Amaretto eingelegt
- 1 Prise Meersalz
- 150 g Zwieback
- 3 EL Speisestärke
- abgeriebene Schale von 1 Zitrone (unbehandelt)
- 20 g ganze Mandeln
- 20 g Mandeln, gehackt
- 20 g Cashewkerne
- 4 Eiweiß
- Puderzucker
- Kürbisraspel für die Garnitur

Kürbisfleisch und Kohl in Apfelsaft weich kochen. Danach die Flüssigkeit zum weiteren Gebrauch abgießen. Kürbisfleisch und Kohl pürieren und abkühlen lassen.

Eigelb, Zucker, Ingwer, Lebkuchengewürz, Rosinen und Salz cremig schlagen.

Zwieback in einem Mörser zerstoßen und mit Speisestärke und Zitronenschale in die Kürbis-Kohlmasse einarbeiten. Mandeln und Cashewkerne dazugeben. Eiweiß steif schlagen und vorsichtig unterheben.

Teig in eine Kastenform geben und im vorgeheizten Backofen bei 180 °C ca. 70 Minuten backen. Abkühlen lassen, aus der Form stürzen und mit Puderzucker und Kürbisraspel garnieren.

Dazu: fein geschnittene Dithmarscher Küstenmettwurst

Kohlrabi-Schmand-Aufstrich

- 1 Kohlrabi
- 200 g Schmand
- 250 g Quark
- 1 Schalotte, gewürfelt
- 1 kl. Prise Schabzigerklee (gemahlen)
- 1 TL frische Kräuter, gehackt (Thymian, Oregano, glatte Petersilie)
- Kräutersalz
- schwarzer Pfeffer aus der Mühle

Kohlrabi schälen, würfeln und mit dem Pürierstab pürieren. Schmand und Quark zu einer cremigen Masse verrühren und den Kohlrabi unterrühren. Kräuter und Gewürze unterheben und abschmecken.

Vorsichtig mit dem Schabzigerklee, es ist sehr intensiv im Geschmack.

Gestovter Kohl an Lachsfilet und Gemüse-Brunoise

mit Rotkohlsaft-Sauce

4 Personen

GESTOVTER KOHL

- 500 g Weiß-, Spitz- oder Wirsingkohl
- 1 l Gemüsefond (siehe Beilagen)
- 1 TL Kümmel
- 2 EL Zucker
- 2 EL Butter
- 2 EL Mehl
- 100 ml trockener Weißwein
- 200 ml Sahne
- 1 Spritzer Zitronensaft
- Meersalz

GEMÜSE-BRUNOISE

- 200 g Möhren
- 200 g Kohlrabi
- 200 g Steckrüben
- 500 ml Gemüsefond (siehe Beilagen)
- 200 g Salatgurke
- 2 EL Butter

- 4 Stücke Lachsfilet mit Haut (6 cm breit)
- 4 EL Mehl
- Olivenöl zum Braten
- Meersalz

Kohl putzen, in Streifen schneiden und im Gemüsefond mit Kümmel und Zucker 15 Minuten kochen. Anschließend in ein Sieb gießen und das Kohlwasser auffangen.

Butter in einem Topf schmelzen. Mehl unterrühren, mit der Hälfte des aufgefangenen Kohlwassers ablöschen und kurz aufkochen. Weißwein, Sahne und Zitronensaft hinzugeben und nochmals aufkochen. Sollte die Sauce zu dick sein, noch etwas Fond hinzutun. Mit Meersalz abschmecken und den Kohl unterheben.

GEMÜSE-BRUNOISE

Möhren, Kohlrabi und Steckrüben putzen, in sehr kleine Würfel (Brunoise) schneiden und in kochendem Gemüsefond 10 Minuten blanchieren, danach abgießen. Salatgurke

waschen, entkernen und würfeln. Butter in einer Pfanne erhitzen und das Gemüse mit den Gurkenwürfeln darin erwärmen.

Lachsfilets in Mehl wenden. Olivenöl in einer Pfanne erhitzen. Filets darin, zuerst auf der Hautseite, von beiden Seiten bei kleiner Hitze 5 Minuten garen. Aus der Pfanne nehmen, auf Küchenpapier legen und mit Meersalz würzen. Anschließend zum Warmhalten bei 80 °C in den Backofen legen.

Gestovten Weißkohl und Gemüse-Brunoise auf Tellern anrichten, mit Lachsfilet belegen und mit Rotkohlsaft-Sauce (siehe Beilagen) nappieren. Restliche Sauce dazu reichen.

Dazu: Salzkartoffeln

UNSER TIPP

Crème fraîche lässt sich ganz einfach selbst zubereiten. 100 ml Sahne mit 1 EL Zitronensaft verrühren.

Grünkohl-Lachs-Eintopf

4 Personen

- 1 Zwiebel, in Ringe geschnitten
- 2 EL Mehl
- Fett für die Fritteuse
- 1 EL Rapsöl
- 2 Zwiebeln, gewürfelt
- 1 kg TK-Grünkohl oder 2 kg frischer Grünkohl, gewaschen und von den Stielen gezupft
- 2 große Möhren, in Streifen geschnitten
- 800 ml Gemüsefond (siehe Beilagen)
- 2 EL Schmand
- 200 ml Sahne
- Meersalz
- schwarzer Pfeffer aus der Mühle
- ger. Muskatnuss
- 400 g Lachsfilet, in Streifen geschnitten
- 1 Becher Crème fraîche

Zwiebelringe mit Mehl bestäuben, in einer Fritteuse bei ca. 140 °C goldgelb ausbacken und anschließend auf Küchenpapier abtropfen lassen.

Öl in einem Topf erhitzen, Zwiebelwürfel, Grünkohl und Möhrenstreifen darin unter Rühren andünsten. Mit Gemüsefond ablöschen und ca. 15 Minuten bei kleiner Hitze garen. Schmand und Sahne hinzugeben, kurz aufkochen und mit den Gewürzen abschmecken.

Lachsstreifen roh auf Tellern anrichten, mit dem Grünkohleintopf aufgießen (durch die Hitze ziehen die Lachsstreifen gar) und mit Crème fraîche und gerösteten Zwiebelringen garnieren. Ohne Lachs auch für Vegetarier geeignet.

Marinierter Rotkohl

mit Hackzopf im Blätterteigmantel

4 Personen

MARINIERTER ROTKOHL

- 1 kleiner Rotkohl
- 1 EL geklärte Butter (siehe Beilagen)
- 2 Schalotten, gewürfelt
- 1 EL Zucker
- 400 ml Gemüsefond (siehe Beilagen)
- 4 EL Aceto Balsamico, weiß

HACKZOPF

- 1 kg Rinder- oder Putenhack
- 2 alte Brötchen, eingeweicht (bei Pute, Brötchen in Sahne einweichen)
- 1 Ei
- 2 Schalotten, gewürfelt
- 1 Knoblauchzehe, gehackt
- Meersalz
- schwarzer Pfeffer aus der Mühle
- 1 Zweig Oregano (gehackt)
- 1 Pck. TK-Blätterteig (450 g)

Rotkohl putzen und in Streifen schneiden. Butter in einem Topf erhitzen und die Schalotten darin glasig dünsten. Rotkohl hinzugeben, mit Zucker bestreuen, mit Gemüsefond aufgießen und den Balsamico hinzugeben. Das Ganze kurz aufkochen und bei kleiner Flamme zugedeckt 20 Minuten garen.

HACKZOPF

Hack mit den ausgedrückten Brötchen, Ei, Schalotten, Oregano und Knoblauch kräftig durchkneten. Mit Salz und Pfeffer würzig abschmecken.

Die angetauten Blätterteigplatten senkrecht in drei Streifen (3–4 cm) schneiden und 1 cm dick mit dem Hack belegen. Am besten mit zwei Löffeln die man immer

wieder in heißes Wasser taucht. Daraus einen Zopf flechten und bei 160 °C Umluft 20 Minuten backen.

Rotkohl auf vier Tellern anrichten und mit dem Hackzopf belegen.

UNSER TIPP

Die eingeweichten Brötchen in einem Sieb abtropfen lassen, in eine Schüssel geben und mit dem Pürierstab durcharbeiten. So hat man es einfacher und keine Brotstücke im Hack.

Kohlpudding „Zur Barkasse“

Kohlpudding „Zur Barkasse"

4 Personen

- 4 Blätter Wirsingkohl
- 4 Blätter Weißkohl
- 1 EL Rapsöl
- 2 EL durchwachsener Speck
- 1 Gemüsezwiebel, gewürfelt
- 250 g Wirsing- oder Weißkohl, gehackt
- 500 g Hackfleisch (Rind oder Lamm)
- 1 Ei
- 1 TL Senf
- 1 altes Brötchen, eingeweicht
- 1 TL Paprikapulver
- frisch ger. Muskatnuss
- Meersalz
- schwarzer Pfeffer aus der Mühle
- Fett für die Form

UNSER TIPP

Vom restlichen Fond mit getrockneten, gehackten Tomaten eine Sauce ziehen und mit Mehlbutter (siehe Beilagen) andicken.

Den Strunk aus den Kohlblättern herausschneiden, kurz in kochendem Salzwasser blanchieren und bis zur weiteren Verarbeitung in kaltes Wasser legen.

Rapsöl, Speck und Zwiebel in einen Topf geben und unter Rühren 3 Minuten leicht anbraten. Klein geschnittenen Kohl hinzugeben und bei kleiner Hitze garen.

Hack in eine Schüssel geben und mit Ei, Senf, ausgedrücktem Brötchen, Paprikapulver und Muskat vermischen. Mit Salz und Pfeffer kräftig abschmecken. Geschmorten Kohl unter die Hackmasse geben.

Puddingform (Mehlbeutelform) sorgfältig ausfetten, mit den Wirsingkohlblättern auslegen und über den Rand lappen lassen. Darauf achten, dass der Dorn in der Mitte der Form auch mit Kohl umlegt ist, sonst klebt das Hack.

Eine Schicht Hack in die Form geben, fest andrücken und mit einem Weißkohlblatt belegen. Lagenweise schichten

bis die Form gefüllt ist. Mit den überlappenden Wirsingkohlblättern einschlagen.

Einen großen Kochtopf mit Wasser erhitzen, Form hineinstellen und 1½ Stunden (große Form 2 Stunden) garen. Anschließend den Kohlpudding auf eine Platte stürzen und wie beim Mehlbeutel in Scheiben schneiden. Fond abgießen und für die Sauce aufheben.

UNSER TIPP

Kohlblätter für Kohlpudding oder Kohlrouladen lösen sich am besten ab, wenn man den Kohlkopf in kochendem Salzwasser blanchiert. Mit einer Gabel kann man sie Stück für Stück abtrennen.

Rehnüsschen an Rosenkohlblättern

4 Personen

SAUCE

- 4 EL Rapsöl
- 2 Schalotten
- 2 cm frischer Ingwer
- 1 Knoblauchzehe
- 2 EL Sojasauce
- 400 ml Wildfond
- 200 ml Sherry
- 4 Sternanis
- Pfefferkörner
- 2 TL Five-Spice-Gewürz
- 2 EL Honig
- 4 EL Portwein
- Speisestärke zum Binden

REHRÜCKEN

- 800 g Rehrücken, vom Knochen gelöst
- Meersalz
- schwarzer Pfeffer aus der Mühle
- 1 Prise Five-Spice-Gewürz
- 2 EL Rapsöl
- 4 Korianderblätter für die Garnitur

- 800 g Rosenkohl, entblättert
- 2 EL geklärte Butter
- ger. Muskatnuss
- Meersalz
- schwarzer Pfeffer aus der Mühle

FIVE-SPICE-GEWÜRZ

- 1 TL schwarze Pfefferkörner
- 1 TL Zimt
- 1 TL Anis
- 1 TL Nelken
- 1 TL Koriandersamen im Mörser zerstoßen.

Rapsöl in einem Topf erhitzen. Schalotten pellen, in grobe Stücke schneiden und im Öl glasieren. Ingwer und Knoblauch schälen und in dünne Scheiben schneiden. Sojasauce mit Wildfond, Sherry, Schalotten, Ingwer, Knoblauch, Sternanis, Pfefferkörnern und 2 TL Five-Spice-Gewürz aufkochen und bei mittlerer Hitze auf 200 ml einkochen. Anschließend durch ein feines Haarsieb gießen. Sternanis für die Dekoration beiseite legen. Sauce aufkochen, Honig unterrühren. Portwein mit Speisestärke verrühren, die Sauce damit binden und warm stellen.

Rehrücken mit Salz, Pfeffer und Five-Spice-Gewürz würzen. Öl in einem Bräter erhitzen. Rehrücken darin von allen Seiten anbraten. In Folie einwickeln und im vorgeheizten Backofen auf der 2. Schiene von unten bei 140 °C 15 Minuten garen. In der Alufolie im ausgeschalteten Ofen 10 Minuten ruhen lassen.

Rosenkohlblätter mit Butter in einer heißen Pfanne schwenken. Mit Muskat, Salz und Pfeffer abschmecken.

Rehrücken aus dem Ofen nehmen. Mit einem scharfen Messer in 5–6 cm große Stücke schneiden. Auf einer vorgewärmten Platte anrichten, mit Rosenkohlblättern umlegen und mit Sternanis und Korianderblättern garnieren. Sauce separat dazu reichen.

Dazu: Kohl-Serviettenknödel (siehe Beilagen)

Sauerkraut-Wirsing-Spaghetti

4 Personen

- 150 g Wirsingkohl
- Meersalz
- 2 EL Rapsöl
- 400 g frische Pilze (Saitlinge, Champignons, Pfifferlinge oder Shiitake)
- 2 Frühlingszwiebeln, in Ringe geschnitten
- 2 Knoblauchzehen, gehackt
- 1 cm frischer Ingwer, klein gehackt
- 100 ml trockener Weißwein
- 100 ml Sahne
- 3 EL Crème fraîche
- 400 g Kasseler Rücken, in Scheiben geschnittenen (1 cm dick)
- 400 g Spaghetti
- 150 g Sauerkraut
- bunter Pfeffer aus der Mühle

Wirsingkohl in Streifen schneiden und ca. 3 Minuten in kochendem Salzwasser blanchieren. Danach abtropfen lassen.

Rapsöl in einer Pfanne erhitzen und die Pilze, je nach Größe, geschnitten oder im Ganzen, 5 Minuten darin dünsten. Pilze anschließend herausnehmen. Für die Sauce Zwiebeln, Knoblauch und Ingwer in der Pfanne dünsten, bis die Zwiebeln glasig sind. Mit Weißwein ablöschen, Sahne hinzugeben, aufkochen lassen und die Crème fraîche unterziehen. Kasselerscheiben hinzugeben und bei kleiner Hitze 5 Minuten schmoren lassen.

Spaghetti in Salzwasser al dente kochen und abtropfen lassen (nicht mit kaltem Wasser abschrecken).

Pilze, Sauerkraut, Wirsing und Spaghetti unter die Sauce geben und auf vier Pastatellern anrichten. Mit buntem Pfeffer garnieren.

Butter, Mehl, Grieß, Eier, Salz und stilles Wasser zu einem glatten Strudelteig verarbeiten. Zugedeckt 1 Stunde an einem warmen Ort gehen lassen.

Für die Füllung Wirsingkohlblätter waschen, Strunk entfernen, 3 Minuten in kochendem Salzwasser blanchieren und in Eiswasser abschrecken.

Rapsöl in einer Pfanne erhitzen und darin Paprika, Sauerkraut, Schalotten und Knoblauch leicht dünsten. Mit Salz, Pfeffer, Edelsüßpaprika und Chili abschmecken und beiseite stellen.

Teig auf einer mit Mehl bestäubten Arbeitsfläche ausrollen. Mit Wirsingkohlblättern belegen. Gemüsemischung auf dem Wirsingkohl verteilen. Lammlachse kräftig salzen und pfeffern und zusammen mit einem Zweig Thymian auf

Sauerkraut-Strudel
mit Salzwiesenlamm

8 Personen

TEIG
- 2 EL geklärte Butter (siehe Beilagen)
- 250 g Mehl 405
- 150 g Mehl 1050
- 100 g Hartweizengrieß
- 2 Eier
- 1 EL Meersalz
- 250 ml stilles Wasser
- Fett für das Blech
- 2 EL Mehl, zum Bestäuben
- 2 EL geklärte Butter zum Bepinseln

FÜLLUNG
- 8 Wirsingkohlblätter
- 2 EL Rapsöl
- 4 rote Paprikaschoten, in feine Streifen geschnitten
- 2 grüne Paprikaschoten, in feine Streifen geschnitten
- 400 g Sauerkraut
- 4 Schalotten, gewürfelt
- 2 Knoblauchzehen, gehackt
- Meersalz
- schwarzer Pfeffer aus der Mühle
- Edelsüßpaprika
- ½ Chilischote, klein gehackt
- 4 Lammlachse
- Bund Thymian

das Gemüse legen. Den Strudel einrollen und auf ein gefettetes, mit Mehl bestäubtes Backblech legen. Mit Butter bepinseln und im vorgeheizten Backofen bei 200 °C ca. 30 Minuten backen. Strudel aus dem Ofen nehmen, in Scheiben schneiden und auf vier Tellern anrichten.

Dazu passen unsere köstlichen Dips, siehe Beilagen

Kohlfrikadellen

HACK

- 2 alte Brötchen
- 250 ml Sahne
- 500 g Putenhack
- 1 Gemüsezwiebel, gewürfelt
- 1 EL Ketchup
- 1 EL Senf, mittelscharf
- Meersalz
- schwarzer Pfeffer aus der Mühle
- ger. Muskatnuss

KOHL

- 2 EL Rapsöl
- 1 Gemüsezwiebel, gewürfelt
- 1 Knoblauchzehe, fein gehackt
- 200 g ausgelassener Speck
- 1 kg Wirsing- oder Weißkohl, in feine Streifen geschnitten

HACK

Brötchen in Sahne einweichen. Hack in eine Schüssel geben und mit den ausgedrückten Brötchen, Zwiebelwürfeln, Ketchup, Senf, Salz, Pfeffer und Muskat vermengen.

KOHL

Rapsöl in einer Pfanne erhitzen, Zwiebelwürfel und Knoblauch darin glasieren. Speck und Kohl hinzugeben und 20 Minuten bei kleiner Hitze garen. Danach erkalten lassen. Kohl mit dem Hack vermischen, Frikadellen aus der Masse formen und von beiden Seiten bei kleiner Hitze braten.

Dazu: Vollkorn-Baguette, Pesto von glatter Petersilie und Kohl-Zwiebel-Dip (siehe Beilagen)

Weißkohl-Fleischkäse

4 Personen

- 350 g Weißkohl, fein geschnitten
- 1 TL Kümmel
- 750 g Brät
- 1 Prise ger. Muskatnuss
- schwarzer Pfeffer aus der Mühle
- abgeriebene Schale 1 Zitrone (unbehandelt)
- Ingwer, gemahlen
- 1 Prise Zucker
- 200 g Parmesan, in Blätter gehobelt

Kohl mit Kümmel in Salzwasser 10 Minuten köcheln lassen, abgießen und danach kalt stellen.

Das Brät mit Kohl, Muskat, Pfeffer, Zitronenschale, Ingwer und Zucker würzen und zu einem Fleischteig verarbeiten.

Den fertigen Teig in vier runde feuerfeste Formen oder in eine gefettete Kastenform (nur $^2/_3$ füllen, der Teig geht noch auf) füllen und im vorgeheizten Backofen bei 180 °C ca. 1,5–2 Stunden backen. Durch das Backen verdunstet Wasser und der Kohl-Fleischkäse wird würziger und erhält die feine Porenstruktur. Nach der Backzeit aus den Formen nehmen. Mit Parmesan belegen und bei Oberhitze noch einmal für 2 Minuten in den Ofen stellen. Danach in Scheiben schneiden und servieren.

Dazu: Bunter Kohlsalat (siehe Beilagen)

Mediterrane Kohlpfanne

2 Personen

- 2 rote Zwiebeln, in Streifen geschnitten
- 200 g Weißkohl, in dicke Streifen geschnitten
- 2 EL Rapsöl
- 100 g Kartoffeln, geschält in Streifen geschnitten
- 1 kl. Möhre, geschält in Streifen geschnitten
- 250 ml Gemüsefond (siehe Beilagen)
- versch. frische Kräuter, gehackt (Thymian, glatte Petersilie, Majoran, Salbei)
- 50 g getr. Tomaten, in Streifen geschnitten
- 100 g Hackfleisch (Rind oder Pute)
- 1 TL Currypaste, rot
- 1 TL Edelsüßpaprika
- Meersalz
- schwarzer Pfeffer aus der Mühle
- 100 g Kasseler oder geräucherte Pute
- 1 Becher Schmand

Zwiebeln und Weißkohl in Öl anbraten. Kartoffeln und Möhren hinzugeben und mit Gemüsefond aufgießen. 15 Minuten mit Deckel garen. Danach die Kräuter, Tomaten, Hack und Gewürze unterheben. Mit Bratenfleisch belegen und noch einmal 5 Minuten mit Deckel schmoren lassen. Wenn die Kohlpfanne zu flüssig ist, ohne Deckel etwas reduzieren lassen. Mit Schmand abschmecken.

WEISSKOHL auch bekannt als Weißkraut oder Kappes, ist die wichtigste und beliebteste aller Kohlsorten in Deutschland. Weißkohl liebt das maritime nördliche Klima sowie Gebiete mit hohen Niederschlägen. Das größte Kohlanbaugebiet Europas ist Dithmarschen. Von Mai bis Juni erntet man schon den sehr beliebten Frühkohl. Der Herbstkohl ist in der Regel aromatischer, auch viel fester und härter als die frühen Sorten. Er ist reich an Ballaststoffen und versorgt uns mit Vitaminen A, B, C und K.

Weißkohl ist nicht nur ein Nahrungsmittel, sondern hat auch eine heilende Wirkung. Schon bei den alten Römern waren Kohlwickel das Allheilmittel bei vielen Krankheiten.

Mit Wirsingkohl gefüllte Kalbs-Involtini

an Rote-Bete-Rotkohl

6 Personen

- 1 kleiner Wirsingkohl

FÜLLUNG

- 200 g Champignons
- 1 Knoblauchzehe
- 1 Bund glatte Petersilie
- 5 EL geklärte Butter (siehe Beilagen)
- 500 g Kartoffelknödelteig (siehe Beilagen)

KALBS-INVOLTINI

- 12 dünne Kalbsschnitzel
- Meersalz
- schwarzer Pfeffer aus der Mühle
- 12 Scheiben Parmaschinken
- 1 Bund Salbei
- 2 EL Rapsöl
- 150 ml Madeira
- 50 ml Kalbsfond (siehe Beilagen)
- eiskalte Butter zum Binden

ROTE-BETE-ROTKOHL

- 1 kl. Rotkohl
- 4 Schalotten, gewürfelt
- 2 EL geklärte Butter (siehe Beilagen)
- 4 EL Zucker
- 4 EL Johannisbeergelee
- Meersalz
- 3–4 EL Aceto Balsamico, rot
- 2 Rote Bete, gehäutet (siehe Beilagen)

Wirsing putzen, Strunk kreisförmig herausschneiden, Blätter lösen und in kochendem Salzwasser blanchieren. In Eiswasser abschrecken.

Für die Füllung Champignons, Knoblauch und Petersilie fein hacken. Butter in einer Pfanne erhitzen, Zutaten hinzugeben und langsam anbraten. Danach mit dem Kartoffelknödelteig verrühren und 20 Minuten beiseite stellen.

Kalbfleisch auf einer Arbeitsfläche ausbreiten, mit Salz und Pfeffer würzen. Mit Wirsingkohlblättern belegen und die Füllung darauf verstreichen. Gleichmäßig mit Parmaschinken belegen. 1 Blatt Salbei in die Mitte setzen, aufrollen und mit einem Spieß fixieren. Backofen auf 80 °C vorheizen.

Rapsöl in einer Pfanne erhitzen, die Röllchen darin anbraten, mit Madeira und Kalbsfond ablöschen und im Ofen ca. 45 Minuten bei Niedertemperatur garen.

Rotkohl in feine Streifen schneiden, mit den Schalotten, Butter, Zucker, Johannisbeergelee, Salz und Balsamico in einen Topf geben. Die zuvor enthäutete Rote Bete halbieren, in Streifen schneiden und dazugeben. Alles 15–20 Minuten köcheln lassen. Abschmecken.

Kalbsröllchen aus dem Ofen nehmen und die Sauce mit eiskalter Butter binden. Röllchen in Tranchen schneiden und zusammen mit der Sauce und dem Rote-Bete-Rotkohl anrichten. Mit Salbei und Johannisbeeren garnieren.

Kohlrouladen-Trio

auf geschmortem Kohl, im eigenen Saft

4 Personen

- 200 g Bisonrücken, ohne Fettkante und Sehnen
- 200 g Lammrücken
- 200 g Wildschweinrücken
- 6 Kapernäpfel, klein gehackt
- 1 Schalotte, fein gehackt
- 3 Eigelb
- 1 TL Dijon-Senf
- 1 TL gehackte Tomate, gehäutet
- Abrieb von 1 Limette, unbehandelt
- Meersalz
- schwarzer Pfeffer aus der Mühle
- 1 Zweig Oregano, fein gehackt
- 1 Zweig Thymian, fein gehackt
- 1 Salbeiblatt, fein gehackt
- Olivenöl zum Anbraten
- 4 Rotkohlblätter, blanchiert
- 4 Wirsingkohlblätter, blanchiert
- 4 Weiß- oder Spitzkohlblätter, blanchiert

GRUND-SAUCE

- 1 Bund Suppengrün
- 1 Tomate
- 1 Lorbeerblatt
- Petersilienstiele
- 125 ml Rotwein, den man selber gerne trinkt
- etwas Olivenöl zum Anbraten

KOHL-SAUCE

- 1 EL Schmalz
- 1 kg Kohl, grob geschnitten (außer Rotkohl)
- ½ Gemüsezwiebel, gewürfelt
- Meersalz
- schwarzer Pfeffer aus der Mühle

TATAR

Drei Schüsseln für das Tatar bereitstellen.

Das Fleisch getrennt auf einer Arbeitsfläche in dünne Streifen schneiden. Mit der Hand klein hacken und zu Tatar verarbeiten. Auf keinen Fall mit der Maschine. Anschließend in die Schüsseln geben und immer zu einem Drittel Kapernäpfel, Schalotte, Eigelb, Senf, Tomate und den Abrieb der Limette hinzugeben. Alles miteinander vermischen und mit Meersalz und Pfeffer abschmecken. Zum Bison den Oregano, zum Lamm den Thymian und zum Wildschwein das Salbeiblatt geben und unterheben. Wer das Fleisch etwas feiner möchte, kann es sich gleich beim Schlachter durchdrehen lassen (siehe Foto).

ROULADEN

Je ein Blatt der blanchierten Kohlblätter auf eine Arbeitsfläche legen. Den dicken Strunk bis zur Mitte keilförmig heraus schneiden und je 50 g Tatar (Fleischsorte nach eigenem Geschmack) auf die Kohlblätter geben. Am besten auf den unteren Teil des Blattes. Das Fleisch mit den beiden Kohlenden bedecken, die Seiten links und rechts bis zum Fleisch einschlagen und fest aufrollen. Olivenöl in einem Schmortopf erhitzen, die Rouladen mit der offenen Seite nach unten hineinsetzen und auf kleiner Flamme von allen Seiten anbraten. Anschließend die Rouladen aus dem Topf nehmen und beiseite stellen.

GRUND-SAUCE

Für die Grund-Sauce das Suppengrün putzen, waschen und klein würfeln. Tomate vierteln und alles zusammen mit dem Lorbeerblatt und der Petersilie in den Schmortopf geben. Kurz anschmoren lassen und mit Rotwein ablöschen. Etwas einkochen lassen, mit 1½ l Kohlwasser (vom Blanchieren) aufgießen und auf etwa 1 l Grund-Sauce reduzieren lassen. Sauce anschließend durch ein Haarsieb gießen und ebenfalls beiseite stellen.

KOHL-SAUCE

Das Schmalz in einem zweiten Topf erhitzen, Kohlstücke und Zwiebelwürfel darin unter ständigem Rühren anschmoren lassen. Mit der Grund-Sauce aufgießen und die Rouladen dazu geben. Zugedeckt etwa eine Stunde bei kleiner Flamme köcheln lassen. Zum Test ein Kohlstück herausnehmen und probieren ob es schön weich ist, wenn ja, sind auch die Rouladen gar. Eventuell nochmals mit Salz und Pfeffer abschmecken. Rouladen mit der Kohl-Sauce und Kartoffeln anrichten.

Die Süße des Rotkohls und der einzigartige Geschmack von Bison, Lamm und Wildschwein als Tatar, ist ein besonderes Geschmackserlebnis. Faszinierend auch die einzelnen Aromen der unterschiedlichen Fleischsorten in der besonderen Zubereitung.

Rosenkohl-Hucke

4 Personen

- 500 g Rosenkohl
- 360 ml Sahne
- 500 g mehlige Kartoffeln
- 2 Zwiebeln, gewürfelt
- 100 g durchwachsener Speck, gewürfelt
- 4 Eier
- Saft einer ½ Zitrone
- 1 EL Zucker
- Meersalz
- schwarzer Pfeffer aus der Mühle
- ger. Muskatnuss
- Fett für die Form
- blanchierte Rosenkohlblätter für die Garnitur

UNSER TIPP

Restliche Scheiben in Butter gebraten, schmecken auch am nächsten Tag.

Rosenkohl putzen, entblättern und in Salzwasser kurz blanchieren. Gut abtropfen lassen. Einige Blätter für die Garnitur beiseite legen. Anschließend zusammen mit einem Schuss Sahne pürieren.

Kartoffeln schälen, waschen und reiben. Danach gut ausdrücken.

Zwiebelwürfel und Speck in der Pfanne auslassen. Anschließend alle Zutaten miteinander zu einem Teig vermengen und mit Salz, Pfeffer und Muskat abschmecken. Eine Kastenform gut ausfetten oder mit Backpapier belegen und den Teig hineingeben. Im vorgeheizten Backofen bei 220 °C ca. 50 Minuten goldgelb backen. Hucke stürzen, in Scheiben schneiden, mit Rosenkohlblättern garnieren und servieren.

ROSENKOHL ist ein sehr feines Wintergemüse. Er schmeckt besonders gut nach dem ersten Frost.

Im 19.Jahrhundert wurde er von Gemüsebauern in Brüssel erstmals angebaut. In vielen Gegenden heißt er daher auch Brüsseler Kohl. Er ist reich an Vitaminen und man sagt ihm eine „tonisierende" Wirkung nach, das heißt, er baut Schwächezustände und Verspannungen ab. Außerdem eignet er sich sehr gut für Diäten. Beim vorsichtigen Dünsten (in wenig Wasser und ohne Deckel) möglichst nicht umrühren. Sehr fein geschnitten und mariniert können die kleinen Kugeln auch roh gegessen werden.

Rübenschmaus mit Lammwurst

4 Personen

- 1 mittelgroße Steckrübe (Kohlrübe, Wruke)
- 4 gr. Möhren
- 8 Kartoffeln
- 800 ml Gemüsefond (siehe Beilagen)
- 1 EL Zucker
- 1 EL schwarzer Pfeffer aus der Mühle
- 1 Prise Meersalz
- ger. Muskatnuss
- 4 Lammwürste
- 1 gr. Gemüsezwiebel, in Ringe geschnitten
- 1 EL Mehl
- Fett für die Fritteuse

UNSER TIPP

Grützwurst passt auch sehr gut zum Rübenschmaus. Die Wurst längs einritzen und in Butterschmalz kross braten.

Steckrübe, Möhren und Kartoffeln schälen und in grobe Stücke schneiden. Zusammen mit dem Gemüsefond zum Kochen bringen. Zucker hinzugeben und 20 Minuten ohne Deckel kochen lassen. Den Fond etwas einkochen, um an Geschmack zu gewinnen. Anschließend alles mit einem Kartoffelstampfer klein stampfen und mit Pfeffer, Meersalz und Muskat abschmecken.

Lammwürste in Salzwasser 10 Minuten erhitzen, nicht kochen.

STECKRÜBE auch Kohlrübe oder Wruke genannt. Bei „Rübe" denkt man sofort an Rote Bete oder Zuckerrübe. Tatsächlich ist die Steckrübe aber ein Kohl. Im Gegensatz zu Weiß-, Rot- oder Wirsingkohl verzehrt man jedoch nicht die Blätter, sondern die Wurzel. Sie wurde zunächst in Skandinavien angebaut. In der Mitte des 17.Jahrhunderts kam sie auch nach Deutschland und hieß zunächst Schwedische Rübe. In Kriegszeiten, im so genannten „Steckrübenwinter" 1916/1917 war sie oft die einzige Nahrung für einen großen Teil der Bevölkerung und danach lange verschmäht. Inzwischen hat sie aber ihren Weg in die Gourmetküchen gemacht. Die vielseitige und sehr schmackhafte Steckrübe ist ein Alleskönner in der Küche und darüber hinaus kalorienarm und sehr gesund.

Fritteuse auf 140 °C erhitzen. Zwiebelringe mit Mehl bestäuben und im Fett frittieren. Anschließend auf Küchenpapier abtropfen lassen.

Rübenschmaus auf vier Teller verteilen, Lammwürste darauf legen und mit den gerösteten Zwiebelringen garnieren.

Ohne Lammwürste auch für Vegetarier geeignet.

Mehl, Grieß, 2 Eier, Rapsöl und Salz zu einem Teig verarbeiten und gut durchkneten. In Folie wickeln und 30 Minuten ruhen lassen.

Den Strunk aus den Wirsingkohlblättern herausschneiden, in Salzwasser blanchieren und danach abtupfen. Mit einem Ausstecher kleine runde Stücke (5 cm) ausstechen. Geschälte Rote Bete in Salzwasser mit Kreuzkümmel zum Kochen bringen und 60 Minuten garen, bis sie weich ist. Herausnehmen, abkühlen lassen und in kleine Würfel schneiden. Öl in einer Pfanne erhitzen, Schalotten darin glasig dünsten, Rote-Bete-Würfel hinzutun und mit Salz und Cayennepfeffer würzen.

Mohn mit Wasser aufkochen und zugedeckt ca. 10 Minuten garen. Anschließend durch ein feines Haarsieb gießen

Maultaschen von der Rote Bete auf Mohn

4 Personen

TEIG

- 140 g Mehl 405
- 60 g Hartweizengrieß
- 3 Eier
- 2 EL Rapsöl
- Meersalz

FÜLLUNG

- 2 Blatt Wirsingkohl
- 350 g frische Rote Bete, geschält (siehe Beilagen)
- ½ TL Kreuzkümmel
- 1 EL Rapsöl
- 1 Schalotte, gewürfelt
- Meersalz
- Cayennepfeffer

MOHN-BUTTER

- 2 EL Mohnsamen
- 250 ml Wasser
- 4 EL Butter
- 4 EL Gemüsefond (siehe Beilagen)
- Meersalz
- Cayennepfeffer

und die Brühe auffangen. Butter, Brühe und Gemüsefond erhitzen, Mohn hinzugeben und mit Salz und Cayennepfeffer würzen.

Teig durch eine Nudelmaschine bis Stufe 3 zu einer 10 cm breiten Bahn ausrollen. 1 Ei verquirlen und den Teig damit bestreichen. Die Hälfte der Teigbahn mit den Wirsingkohlblättchen in gleichmäßigen Abständen belegen. Die Füllung mit einem Teelöffel darauf setzen. Die andere Hälfte der Teigbahn darüberklappen und um die Füllung herum andrücken. Die Maultaschen mit einem halbmondförmigen Ausstecher (7 cm) ausstechen und den Rand fest andrücken. In siedendem Salzwasser 5 Minuten ziehen lassen, bis sie oben schwimmen. Abtropfen lassen, in der Mohn-Butter-Brühe wenden und auf Tellern anrichten. Mit Kräuterblättern und Rote Bete garnieren.

Weißkohleintopf

- 2 Hähnchenbrüste, mit Knochen
- 2,5 l Gemüsefond (siehe Beilagen)
- 1 kl. Weißkohl, in Stücke geschnitten
- 2 Möhren, geschält, in schräge Scheiben geschnitten
- 1 Kohlrabi, geschält, in Stücke geschnitten
- 1¼ Steckrübe, geschält, in Stücke geschnitten
- 1 Zweig Rosmarin, gehackt
- 4 Zweige Rosmarin für die Garnitur
- Meersalz
- schwarzer Pfeffer aus der Mühle

Hähnchenbrüste in Gemüsefond aufkochen und 20 Minuten gar köcheln. Anschließend aus dem Fond nehmen, abkühlen lassen, mit einem scharfen Messer vom Knochen trennen und unter dem Grill nochmals bräunen. Das Gemüse in den Fond geben, aufkochen lassen und 10 Minuten garen. Gehackte Rosmarinnadeln hinzutun und mit Salz und Pfeffer abschmecken. Eintopf auf Suppentassen verteilen, Hähnchenbrüste dekorativ darauf setzen und mit Rosmarinzweigen garnieren.

HUSTENSAFT AUS WEISSKOHL

500 ml Weißkohlsaft (Reformhaus)
3 g Safran
500 g Honig

Weißkohlsaft mit Safran und Honig aufkochen und reduzieren bis die Flüssigkeit dicklich wird. 3–4 mal täglich davon 1 TL in heißem Wasser auflösen und langsam trinken. Der Kohl fördert die Sekretion und normalisiert die Körpertemperatur.

Kohl putzen, Strunk entfernen, in Rauten schneiden und 8 Minuten in Gemüsefond blanchieren. Anschließend auf einem Sieb abtropfen lassen und den Fond auffangen.

Melisseblätter abzupfen, einige für die Garnitur aufheben, restliche klein hacken und mit Crème fraîche, Zitronenschale und Zitronenpfeffer verrühren.

Zitronenkohl unter der Kartoffelhaube

4 Personen

- 800 g Rot-,Wirsing- oder Weißkohl
- 600 ml Gemüsefond (siehe Beilagen)
- 1 Zweig Zitronenmelisse
- 300 g Crème fraîche
- abgeriebene Schale 1 Zitrone (unbehandelt)
- Zitronenpfeffer
- 500 g Kartoffeln
- 2 EL Butter
- 250 ml Milch
- 1 Prise ger. Muskatnuss
- 2 Eigelb
- 2 EL Butter
- Meersalz
- schwarzer Pfeffer aus der Mühle
- Fett für die Auflaufform
- 200 g Lachsstreifen (3 cm dick) oder geräucherte Pute
- 2 Eigelb mit 1 EL Sahne vermengt

Kartoffeln schälen, waschen, kochen und mit Butter und Milch zu einem Kartoffelpüree verarbeiten. Mit Muskat würzen. Eigelb und Butter unterschlagen. Mit Salz, Pfeffer und Muskat kräftig abschmecken.

Den blanchierten Kohl mit der angemachten Crème fraîche vermischen, in eine gefettete Auflaufform geben und mit Lachs oder Pute belegen. Mit Kartoffelpüree bedecken und Ei-Sahne bepinseln. Im vorgeheizten Backofen bei 200 °C ca. 40–50 Minuten backen bis die Kartoffelhaube goldgelb ist.

Mit Melisse garnieren.

DESSERTS

Süße Kohl-Nocken auf Fruchtsauce

4 Personen

- 2 Blätter Chinakohl
- 200 ml Wasser
- 2 EL Vanillezucker
- 1 Prise Meersalz
- 4 EL Honig

TEIG

- 4 Eier, getrennt
- 250 g Mehl 405
- 250 g Mehl 1025
- 2 TL Salz
- 1 EL Zucker
- 2 EL Butter
- 2 EL Aprikosenkonfitüre

- 400 g Früchte der Saison (z. B. Erdbeeren, Aprikosen, Pflaumen)
- 100 ml Fruchtsaft

Strunk aus den Kohlblättern herausschneiden, in feine Streifen schneiden und hacken.

Wasser in einem Topf zum Kochen bringen. Vanillezucker, Salz und Honig hinzugeben und einmal aufkochen lassen. Chinakohl dazugeben und 10 Minuten garen. Abgießen. Anschließend mit dem Pürierstab fein pürieren und beiseite stellen.

4 Eiweiß steif schlagen. Eigelb, Mehl, Salz, Zucker und Butter zu einem glatten Teig verarbeiten, er sollte sehr fest sein. Wenn er sich nicht richtig vermischen lässt, etwas Milch hinzugeben. Pürierten Kohl untermischen und den Eischnee vorsichtig unterheben.

Wasser in einem Topf erhitzen. Mit zwei Löffeln oder einem Eiskugelportionierer Nocken aus dem Teig formen,

UNSER TIPP

Sehr gut eignet sich zu den Kohl-Nocken auch eine Kohl-Marmelade.

Bittersüsse-Kohl-Orangen-Marmelade

- 1 Pampelmuse (ungespritzt)
- 2 Orangen (ungespritzt)
- 1,5 l Wasser
- 2 kg Zucker
- ½ Chinakohl, in feine Streifen geschnitten
- 1–2 Tütchen Zitronensäure
- 2 EL Cointreau

Zitrusfrüchte waschen und mit Schale und Kernen grob zerkleinern. Anschließend in einem Mixer oder Fleischwolf zu Mus verarbeiten.

Mus mit Wasser aufkochen, ½ Stunde köcheln lassen und über Nacht stehen lassen. Am nächsten Tag Zucker und Kohl hinzutun und noch einmal ½ Stunde ohne Deckel köcheln lassen.

Gelierprobe: 1 TL Marmelade auf eine Untertasse geben und in die Kühlung stellen. Sollte sie nicht Gelieren, mit etwas Zitronensäure anreichern. Mit Cointreau abschmecken. Marmelade heiß in Gläser füllen und verschließen.

eine Vertiefung hinein drücken und mit Aprikosenkonfitüre füllen. Anschließend ins heiße Wasser geben. Wenn sie oben schwimmen sind die Nocken fertig. Nach Geschmack kann man sie noch in Paniermehl wenden und ausbacken. Mit Zucker und Zimt bestäuben.

Früchte der Saison putzen, entkernen, filetieren und in eine Schüssel geben. 100 ml Fruchtsaft, hell oder dunkel, hinzugeben. Mit dem Pürierstab fein pürieren und auf vier Tellern anrichten. Nach Belieben Vanillesauce und Balsamicocreme abwechselnd in Streifen über die Sauce geben und mit einem Zahnstocher Muster ziehen. Kohl-Nocken auf den Fruchtspiegel setzen und servieren.

Wirsing-Bratapfel-Torte

Wirsing-Bratapfel-Torte

TEIG

- 1 Ei
- 50 g Zucker
- 100 g Butter
- 200 g Mehl
- ½ Pck. Backpulver

FÜLLUNG

- 1 Pck. Rosinen (200 g)
- 200 ml Calvados
- 6 Wirsingkohlblätter (Weiß- oder Spitzkohl)
- 250 ml Apfelsaft
- 2 EL Zucker
- Mark von 1 Vanilleschote
- 5–6 Äpfel (Boskop)
- 500 ml Sahne
- 2 Pck. Sahnepudding-Pulver (Vanille)
- 3 EL Zucker

Zutaten zu einem Teig verarbeiten, eine Springform (28 cm Durchmesser) damit auslegen und den Rand hochziehen.

Rosinen in Calvados einlegen.

Wirsingkohlblätter in feine Streifen schneiden.

Apfelsaft mit Zucker und Mark der Vanilleschote erhitzen und den Kohl darin 5 Minuten blanchieren. Anschließend in ein Sieb gießen und den Fond auffangen.

Äpfel schälen, Kerngehäuse mit einem Ausstecher entfernen und quer halbieren. Apfelhälften in den Teig drücken und mit Calvados-Rosinen füllen. Abgetropften Wirsingkohl gleichmäßig um die Apfelhälften verteilen.

Aus Sahne, aufgefangenem Apfelsaft-Kohlfond, Puddingpulver und Zucker einen Pudding kochen und über die Äpfel geben. Im vorgeheizten Backofen bei 200 °C ca. 45–50 Minuten backen.

Kalter Kraut-Hund

- 100 g Chinakohl, in feine Streifen geschnitten
- 1 Vanilleschote
- 2 EL Zucker
- 250 g Palmin
- 150 g Zartbitterschokolade
- 50 g Kakaopulver
- 150 ml Milch
- 250 g Puderzucker
- 250 g Butterkekse
- 1 Zweig Minze

Chinakohl in kochendem Wasser mit aufgeschlitzter Vanilleschote und Zucker 10 Minuten blanchieren. Danach gut abtropfen lassen.

Palmin, Schokolade, Kakaopulver, Milch und Puderzucker unter Rühren im Wasserbad schmelzen. Kohlstreifen unterheben.

Eine Kastenform mit Backpapier auskleiden und den Boden mit Keksen auslegen. Darauf eine Schicht Schokocreme verstreichen. Kekse und Schokocreme abwechselnd schichten bis die Form voll ist.

Form über Nacht in den Kühlschrank stellen. Kraut-Hund aus der Form stürzen, mit einem Sägemesser in Stücke schneiden, auf Teller setzen und mit Minzeblättchen garnieren. Nach Geschmack mit Puderzucker bestäuben oder mit einem Fruchtspiegel umgießen.

UNSER TIPP

Wenn der Chinakohl für eine bestimmte Zubereitung zu groß ist, einfach so viele Blätter abschneiden wie man braucht und den Rest in Folie wickeln. Er hält sich im Kühlschrank eine Woche.

CHINAKOHL der „Zahn des weißen Drachens", wie man ihn in China nennt, wird dort seit über 2000 Jahren angebaut. Nach Deutschland kam er erst vor hundert Jahren. Nur allmählich setzte er sich durch. Dabei ist er ein ebenso wertvolles wie unkompliziertes Gemüse und riecht und schmeckt kaum nach „Kohl", also: cool! Weil er keinen starken Eigengeschmack hat, kann man Chinakohl sehr gut mit anderen Zutaten kombinieren.

Vanillesauce

4 Personen

- 10 g Johannisbrotkernmehl (Reformhaus)
- 1 l Milch (1,5 %)
- 1 Vanilleschote
- 1 Spritzer Süßstoff
- 2 Eigelbe

Johannisbrotkernmehl mit dem Schneebesen in die Milch einrühren. Vanilleschote längs aufschneiden, das Mark herauskratzen. Schote und Mark zur Milch geben. Unter Rühren aufkochen lassen. Vanilleschote entfernen. Sauce im kalten Wasserbad abkühlen lassen. Nach Geschmack süßen. Anschließend die Eigelbe unterschlagen und noch einmal bis zum Siedepunkt im Wasserbad, unter Rühren mit dem Schneebesen, erwärmen. Im kalten Wasserbad mit dem Schneebesen abschlagen.

Kohlpralinen mit Blattgold

Zutaten für ca. 20 Stück

- 50 g Spitzkohl, gehäckselt
- 400 ml Apfelsaft
- 2 EL Zucker
- 1 Vanilleschote

- 50 ml Sahne
- 1 Tafel Zartbitterschokolade (100 g)
- 25 g Mandeln, gemahlen
- 2 EL Rum
- 2 Tafeln Zartbitterschokolade (á 100 g)
- einige geröstete Pinienkerne
- Blattgold zum Garnieren

GOLD-GELEE

- 3 Blatt weiße Gelatine
- 300 ml Dessertwein, DIVINO 2008 Pino Blanc, Auslese, im Barrique gereift
- 200 ml Dessertwein, PELLEGRINO, Marsala Superiore
- 1 Spritzer Limettensaft

UNSER TIPP

Gold-Gelee eignet sich sehr gut zum Garnieren von Desserts, Terrinen und Tartes.

Spitzkohl in kochendem Apfelsaft mit Zucker und aufgeschlitzter Vanilleschote weich kochen, abgießen, pürieren und kalt stellen.

Sahne zum Kochen bringen und 100 g Zartbitterschokolade darin unter Rühren auflösen. Topf vom Herd nehmen, Mandeln und Rum einrühren. Unter ständigem Rühren auf Zimmertemperatur runterkühlen. Spitzkohl unterheben.

Eine rechteckige Auflaufform mit Backpapier auslegen, die Masse darin verstreichen und 1 Stunde im Kühlschrank fest werden lassen.

Anschließend auf eine Arbeitsfläche stürzen, Backpapier entfernen und in rechteckige Stücke schneiden. Zum Anfassen jeweils einen Zahnstocher seitlich in die Praline stecken. Zurück in die Kühlung stellen bis sich die zwei Tafeln Zartbitterschokolade im Wasserbad aufgelöst

haben. Pralinen in die flüssige Kuvertüre tauchen und auf einem Kuchengitter abtropfen lassen. Jeweils 1 Pinienkern auf die Praline setzen und mit Blattgold garnieren. Pralinen eine weitere Stunde kalt stellen. Zahnstocher vor dem Servieren entfernen.

Mit Gold-Gelee dekorieren.

GOLD-GELEE

Gelatine in kaltem Wasser einweichen. Weine bis kurz vor dem Siedepunkt erhitzen, nicht kochen. Limettensaft und ausgedrückte Gelatine hinzugeben und kurz verrühren. Flüssigkeit in ein recheckiges Gefäß gießen und 2 Stunden kalt stellen. Anschließend in kleine Würfel oder Streifen schneiden.

Wirsingkohl-Parfait an Früchtespiegel

Zutaten für eine 500-ml-Form

KOHL

- 1 Vanilleschote
- 200 ml Apfelsaft
- 1 Pck. Vanillezucker
- 100 g Wirsingkohl, sehr fein geschnitten

PARFAIT

- 3 Eigelb
- 300 g Zucker
- 200 ml Eierlikör
- 300 ml Sahne, geschlagen

Vanilleschote aufschlitzen, das Mark herauskratzen und zusammen mit dem Apfelsaft und Vanillezucker zum Kochen bringen. Kohl hinzugeben und 5 Minuten köcheln lassen. Anschließend in ein Sieb gießen, mit kaltem Wasser abschrecken, abtropfen und trocknen lassen. Den abgetrockneten Kohl mit dem Pürierstab nochmals zerkleinern. Er sollte noch eine schöne grüne Farbe haben.

Eigelb mit dem Zucker im Wasserbad schaumig schlagen. Schüssel aus dem Wasserbad nehmen und 5 Minuten weiter schlagen. Eierlikör, Sahne und Kohl mit einem Holzlöffel unterheben. Form mit Alufolie auslegen und die Masse hinein füllen. Anschließend für 4 Stunden ins Gefrierfach stellen. Aus der Form lösen und in Scheiben schneiden.

SCHOKOGITTER

100 g Zartbitterschokolade (60 %) im Wasserbad schmelzen und anschließend in ein Fläschchen mit kleiner Öffnung füllen. Es eignet sich auch ein Plastikbeutel von dem man eine Ecke abschneidet.

Backblech mit Backpapier auslegen und beliebige Schoko-Muster daraufspritzen. Erkalten lassen und vom Backpapier lösen.

FRÜCHTESPIEGEL

Früchte der Saison pürieren, einen Spiegel gießen und mit einem Zahnstocher feine Striche ziehen.

Parfait-Scheiben darauf anrichten und mit dem Schokogitter dekorieren.

Kohl-Zabaione

2 Personen

- 50 ml Apfelsaft
- ½ Vanilleschote
- 2 Blatt Kohl ihrer Wahl, klein geschnitten

- 1 Ei
- 3 Eigelb
- 1 Pck. Vanillezucker
- 50 g Zucker
- 100 ml Marsala-Wein

Apfelsaft mit der Vanilleschote zum Kochen bringen. Kohl hinzugeben, 5 Minuten blanchieren und in kaltem Wasser abschrecken. Kohl herausnehmen und abtrocknen. Danach fein häckseln.

Ei, Eigelb, Vanillezucker und Zucker mit dem Schneebesen verrühren. Schüssel in ein heißes Wasserbad stellen (nicht kochen lassen) und die Eischaummasse noch einmal kräftig verschlagen. Dabei den Marsala-Wein langsam einfließen lassen. Die Zabaione so lange weiter schlagen bis sich die Masse verdoppelt hat. Den Kohl kurz vor dem Servieren unterheben und nach Belieben mit Früchten angerichtet servieren.

BEILAGEN

Bunte Kroketten von der Süßkartoffel und der Dithmarscher Knolle

ZUTATEN FÜR 1 KROKETTE

- 1 Süßkartoffel
- 1 Kartoffel, festkochend
- 1 l Eiswasser
- 1 TL Béchamelsauce (siehe Beilagen)
- 2 L Mehl
- 1 Ei
- 2 EL Paniermehl
- Fett für die Fritteuse

Süßkartoffel und Kartoffel schälen und in 1 cm dicke Scheiben schneiden. Von der Süßkartoffel benötigen wir drei, von der Kartoffel zwei Scheiben. Kartoffelscheiben in Salzwasser blanchieren, sie sollten noch etwas Biss haben. Die Süßkartoffel ist etwas eher gar. Die Scheiben anschließend ins Eiswasser geben. Auf Küchenpapier abtrocknen lassen. Mit einem Ausstecher 3 cm große Stücke ausstechen.

Die Kartoffelscheiben jeweils, bis auf die letzte Scheibe, mit Béchamelsauce bestreichen und abwechselnd aufeinander legen. Beginnen und enden mit einer Scheibe Süßkartoffel.

Anschließend in Mehl, Ei und Paniermehl wenden und bei 140 °C in der Fritteuse ausbacken.

Vor dem Anrichten längs durchschneiden und mit der Schnittstelle nach oben anrichten.

Mehlbutter

Zutaten für eine kleine Mehlbutterrolle

- 100 g Mehl
- 100 g weiche Butter

Mehlbutter, bekannt als „Beurre manié", nimmt man zum Andicken von Saucen. Mehl und Butter zu gleichen Teilen mit der Hand verkneten und zu einer Rolle formen. Bei Bedarf einfach eine entsprechende Menge abschneiden. Im Kühlschrank aufbewahren.

Geklärte Butter

Butter in einem Topf bei mittlerer Hitze solange erwärmen, bis sich die Molke am Topfboden absetzt und leicht bräunlich wird. Dabei den entstehenden Schaum mit einer Schaumkelle immer wieder abschöpfen.

Ein Küchensieb mit einem Mulltuch auslegen und die flüssige Butter hindurch gießen. Am besten in ein Schraubglas füllen. Als Ergebnis erhält man das klare, goldgelbe Butterfett. Es verträgt sehr hohe Temperaturen, da beim Klären der Butter das Wasser verdunstet und das Milcheiweiß entfernt wird. Es lohnt sich immer, eine größere Menge Butter zu klären, so hat man sie zum Kochen immer parat. Butterfett ist selbst ungekühlt einige Wochen lang haltbar, im Kühlschrank mehrere Monate.

Brauner Kalbsfond

Zutaten für 2 Liter Brühe

- 1,5 kg Kalbsknochen
- 2 EL Rapsöl
- 150 g Zwiebeln, gewürfelt
- 80 g Karotten, gewürfelt
- 50 g Sellerie, gewürfelt
- 50 g Petersilienwurzel, gewürfelt
- ½ Knoblauchzehe
- 50 g Tomatenmark
- 2 reife Tomaten
- 200 ml trockener Weißwein
- 2 l Wasser
- 1 Lorbeerblatt
- 10 schwarze Pfefferkörner
- 1 Gewürznelke
- 3 Pimentkörner
- 1 Zweig Rosmarin
- 1 Zweig Thymian
- Meersalz

Die Knochen vom Schlachter in möglichst kleine Stücke hacken lassen. Öl in einem Bräter erhitzen, Knochen hinein geben und im heißen Backofen anrösten. Fett abgießen. Das Gemüse hinzufügen und kurz mitrösten. Tomatenmark unterrühren. Tomaten vierteln und dazugeben. Zusammen weitere 10 Minuten rösten. Öfter umrühren und die Röststoffe vom Topfboden loskratzen, damit alles eine dunkle Farbe bekommt. Wein angießen und vollkommen einkochen lassen. Bräter aus dem Ofen nehmen und erkalten lassen. Mit kaltem Wasser aufgießen, zum Kochen bringen und öfter abschäumen. Die Gewürze und Kräuter hinzu geben, in einen Topf umfüllen und auf dem Herd bei milder Hitze ohne Deckel ca. 2 Stunden köcheln lassen. Dabei öfter abschäumen. Nach Ende der Kochzeit salzen. Fond durch ein Haarsieb passieren, erkalten lassen und entfetten. Portionsweise einfrieren.

Rinderfond

Zutaten für ca. 2 Liter Brühe

- 1 kg Rinderknochen
- 500 g Kalbsknochen
- 5 l Wasser
- 2 EL Rapsöl
- 1 Bund Suppengrün, geputzt und gewürfelt
- je 1 Zweig Petersilie und Thymian
- 1 Lorbeerblatt
- 2 gr. Tomaten, gewürfelt
- 6 Champignons, geputzt und halbiert

Knochen in einem Bräter im vorgeheizten Backofen bei 200 °C anrösten. Fett abgießen. Angeröstete Knochen in einen Topf geben, mit Wasser übergießen und aufkochen lassen. Öfter abschäumen.

Öl in einem zweiten Topf erhitzen und das Suppengrün darin anrösten. Öl abgießen. Anschließend Fond mit Knochen dazugießen. Kräuter und Gemüse hinzugeben und ohne Deckel ca. 6 Stunden auf kleiner Flamme köcheln lassen. Durch die lange Kochzeit verringert sich die Flüssigkeit und man bekommt einen konzentrierten Fond.

Zwischendurch öfter abschäumen. Danach in ein mit einem Passiertuch ausgelegtes Sieb gießen. Wenn der Fond erkaltet ist, das Fett nochmals abheben.

Gemüsefond

Zutaten für 1 Liter Brühe

- 2 mittelgroße Möhren
- 1 Stange Porree, nur das Weiße
- 30 g Staudensellerie
- 60 g kleine Zwiebeln
- 2 Schalotten
- 1 EL geklärte Butter
- 1 TL brauner Zucker
- 1 l Wasser
- 35 g grobes Meersalz
- 1 Gewürznelke
- 15 weiße Pfefferkörner, angedrückt
- ½ Lorbeerblatt
- 6 Stiele krause Petersilie
- 1 kleiner Zweig Fenchel
- 1 Stiel glatte Petersilie
- 1 Zweig Thymian
- abgeriebene Schale von 1 Zitrone (unbehandelt)
- 250 ml Weißwein

Das Gemüse putzen, klein schneiden, waschen und in einen großen flachen Topf geben. Mit geklärter Butter und Zucker 10 Minuten langsam dünsten lassen, um die Aromen herauszukitzeln. Wasser hinzu gießen. Gewürze und Kräutersträußchen hinzufügen. Auf kleiner Flamme ca. 30 Minuten kochen lassen. Anschließend den Weißwein hinzu geben und ca. ½ Minute kurz aufkochen. Fond durch ein Haarsieb gießen, abkühlen lassen. In Eiswürfelbeuteln portionsweise einfrieren.

Weißkohl-Kürbis-Brot

- 1 Würfel Hefe
- 500 g Weizenmehl 405
- 500 g Dinkel-Vollkornmehl
- 400 ml warmes stilles Wasser
- Meersalz
- 200 ml lauwarme Milch
- 250 g Kürbisfleisch
- 250 g Weiß- oder Spitzkohl
- 50 g Kürbiskerne
- 50 g Sonnenblumenkerne
- 50 g Cashewkerne

Aus Hefe, Mehl, Dinkel-Vollkornmehl, Wasser, Salz und Milch einen Hefeteig zubereiten und an einem warmen Ort 30 Minuten gehen lassen.

Kürbisfleisch mit einer Reibe klein raspeln. Weiß- oder Spitzkohl in feine Julienne schneiden. Kürbis, Kohl und Kerne unter den Teig kneten. Zu einem Brot formen und auf ein bemehltes Backblech setzen. Den Laib mit einem spitzen Messer der Länge nach einritzen und mit Wasser bepinseln. Weitere 30 Minuten an einem warmen Ort gehen lassen. Im vorgeheizten Backofen bei 180 °C ca. 70–80 Minuten backen.

Kartoffelknödel-Teig

- 1 kg Kartoffeln
- 1 Ei
- ½ TL Meersalz
- 150 g Mehl
- 1 Schuss stilles Wasser

Kartoffeln mit Schale kochen, abgießen und noch warm pellen. Im kalten Zustand durch einen Fleischwolf oder eine Kartoffelpresse geben. Mit Ei und Salz vermischen und mit Mehl und Wasser zu einem Teig verarbeiten, bis er nicht mehr klebt.

Kohl-Serviettenknödel

4 Personen

- 100 g Weiß- oder Wirsingkohl, fein geschnitten
- ½ TL Kümmel
- 350 g Weißbrot (vom Vortag) oder 350 g Schwarzbrot
- 100 g Körnerbrötchen (vom Vortag)
- 150 g Schalotten
- 1 Bund glatte Petersilie (oder frisches Bohnenkraut, Kerbel, Thymian, Estragon)
- 30 g Butter
- 200 ml Milch
- Meersalz
- schwarzer Pfeffer aus der Mühle
- ger. Muskatnuss
- 2 Eier
- 1 Eigelb
- 3 EL Semmelbrösel
- Alu-Bratfolie
- Öl für die Folie

Weiß- oder Wirsingkohl 10 Minuten in kochendem Salzwasser mit etwas Kümmel blanchieren.

Weiß- oder Schwarzbrot und Körnerbrötchen in 1 cm große Würfel schneiden und mit dem Kohl in eine Schüssel geben. Schalotten pellen und fein würfeln. Petersilie oder andere Kräuter abbrausen, trockenschütteln und fein hacken.

Butter in einem Topf zerlassen und die Schalotten darin glasig dünsten. Milch hinzugeben. Mit Salz, Pfeffer und Muskat würzen. Die heiße Schalotten-Milch-Mischung auf die Brotwürfel und den Kohl gießen und locker miteinander vermischen. Kräuter, verquirlte Eier und Semmelbrösel dazugeben und alles gut vermengen. Mit einem feuchten Tuch bedecken und ruhen lassen.

Alu-Bratfolie übereinander legen und dünn mit Öl einpinseln. Knödelmasse darauf geben und zu einer 35 cm langen Rolle formen. Anschließend fest einrollen. Die Enden auf beiden Seiten fest zusammen drehen. Die Rollen 10 Minuten in kochendem Salzwasser kochen lassen, danach den Herd ausschalten und weitere 20 Minuten ziehen lassen. Serviettenknödel aus dem Wasser nehmen und abtropfen lassen. Aus der Folie wickeln, in fingerdicke Scheiben schneiden und nach Geschmack, in einer Pfanne in Butter leicht bräunen.

UNSER TIPP

Wir meinen, Schwarze-Kohl-Serviettenknödel passen besser zu Wild. Statt mit Weißbrot mit Schwarzbrot zubereiten (siehe Rehnüsschen an Rosenkohlblättern.

Polenta

4 Personen

- 700 ml Milch
- ½ TL Meersalz
- 80 g Butter
- 150 g Maisgrieß
- 1 TL Olivenöl

Milch mit Salz und Butter aufkochen, vom Herd nehmen und den Maisgrieß mit einem Schneebesen einrühren. Auf dem Herd bei geringer Hitze unter ständigem Rühren 10 Minuten quellen lassen. Die Maisgrießmasse auf einem mit Öl eingepinselten Backblech 1 cm dick verstreichen und erkalten lassen. Nach Belieben Formen ausstechen.

Vollkorn-Baguette

- 1 Würfel Hefe
- 250 g Weizenmehl 405
- 250 g Roggen-Vollkornmehl
- 200 ml warmes stilles Wasser
- 1½ TL Meersalz
- 100 ml lauwarme Milch

Aus Hefe, Mehl, Roggen-Vollkornmehl, Wasser, Salz und Milch einen Hefeteig zubereiten und an einem warmen Ort 30 Minuten gehen lassen. Danach zu einem Baguette formen, der Länge nach einritzen und mit Wasser bepinseln. Auf einem bemehlten Backblech im vorgeheizten Backofen bei 180 °C ca. 70–80 Minuten backen.

UNSER TIPP

Da das Baguette beim Backen mehr in die Breite als in die Höhe geht, empfiehlt es sich, es in einer Form zu backen.

Blätterteig

Zutaten für 4 Personen, restl. Blätterteig lässt sich gut einfrieren

- 500 g Mehl 405
- 50 g Butter
- 240 ml Wasser
- 1 Prise Meersalz
- 500 g Butter (Ziehbutter vom Bäcker)
- 20 g Mehl

Aus Mehl, Butter, Wasser und Salz einen glatten Teig herstellen. Der Teig muss trocken sein, darf nicht an den Händen kleben und muss sich von der Arbeitsfläche lösen. Daraus eine Kugel formen, kreuzweise einschneiden und auseinander ziehen. Abgedeckt eine ½ Stunde kühl ruhen lassen. Ziehbutter (vom Bäcker) mit 20 g Mehl vermengen und kalt stellen. Wasserteig und Ziehbutter sollten die gleiche Festigkeit haben. Teig von der Mitte aus in alle Richtungen ausrollen. Ziehbutter in die Mitte setzen und wie ein Päckchen einwickeln.

Das Ganze etwa 1 cm dick zu einem Quadrat ausrollen und dreiteilig (einfache Tour) zusammenschlagen. Den Teig wieder ausrollen und jetzt vierteilig (doppelte Tour) zusammenschlagen. Teigplatte in Folie einschlagen und ca. 1 Stunde kalt stellen. Anschließend dem Teig nochmals eine einfache und eine doppelte Tour geben. Nach einer längeren Ruhezeit ist der Teig zum Verarbeiten bereit. Teig stets in Folie einwickeln, damit er nicht austrocknet.

Kimchi

eingelegter Chinakohl

- 500 g Chinakohl
- 250 g Rettich
- Meersalz
- 1 Zwiebel, gewürfelt
- 2 Koblauchzehen, gehackt
- 4 rote Chilischoten, entkernt und gewürfelt
- 1 EL Essig
- 3 EL Rapsöl
- schwarzer Pfeffer aus der Mühle

Chinakohl und Rettich in feine Streifen schneiden.

Aus Salz, Zwiebel, Knoblauch, Chili, Essig, Öl und Pfeffer eine Marinade herstellen. Chinakohl und Rettich darin einlegen und mit den Händen gut durchwalken. Kimchi in ein Gefäß geben, mit einem umgedrehten Teller abdecken und mit einem Stein beschweren. Im Kühlschrank 2 Tage ziehen lassen. 2–3mal täglich umrühren.

KIMCHI (GIMCHI) ist eine Beilage in der koreanischen Küche. Sie darf bei keiner Mahlzeit fehlen. Ähnlich unserem Sauerkraut, ist es ein lange haltbares milchsaures Kohlgemüse und wegen seines hohen Vitamin-C-Gehaltes sehr gesund. Oft werden auch Meeresfrüchte hinzugefügt.
Kimchi lässt sich außerdem aus Frühlingszwiebeln, Gurken und vielen anderen Gemüsen herstellen.
In warmen Jahreszeiten wird Kimchi in Korea wöchentlich neu zubereitet und im Spätherbst werden in den meisten dortigen Haushalten große Mengen Winter-Kimchi hergestellt. Traditionell wird er in glasierten Tongefäßen gelagert, die auf Dächern, Balkonen und auf dem Land vor den Häusern stehen oder eingegraben werden. Die ältesten Belege von einer Haltbarmachung von Gemüsen reichen 2600–3000 Jahre zurück.
Kimchi lässt sich auch sehr gut als Würzmittel zur Verfeinerung von Speisen verwenden.
Wir sind der Meinung, Kimchi sollte heute in der norddeutschen Kohl-Küche nicht fehlen.

Gestovter Kohl

4 Personen

- 500 g Weiß-, Spitz- oder Wirsingkohl
- 1 l Gemüsefond (siehe Beilagen)
- 1 TL Kümmel
- 2 EL Zucker
- 2 EL Butter
- 2 EL Mehl
- 100 ml trockener Weißwein
- 200 ml Sahne
- 1 Spritzer Zitronensaft

Kohl putzen, in Streifen schneiden und im Gemüsefond mit Kümmel und Zucker 15 Minuten kochen. Anschließend in ein Sieb gießen und den Fond auffangen. Butter in einem Topf schmelzen. Mehl unterrühren, mit der Hälfte des aufgefangenen Fonds ablöschen und kurz aufkochen. Weißwein, Sahne und Zitronensaft hinzugeben, nochmals aufkochen. Sollte die Sauce zu dick sein, noch etwas Fond hinzutun. Mit Meersalz abschmecken und den Kohl unterheben.

Kohl-Zwiebel-Dip

- 200 g Weiß-, Spitz- oder Wirsingkohl

ZWIEBELSUPPE

- 1 EL Rapsöl
- 1 EL Butter
- 2 Gemüsezwiebeln, in Streifen geschnitten
- 200 ml Portwein
- 200 ml trockener Weißwein
- 200 ml Rinderfond (siehe Beilagen)
- 1 EL getr. Majoran
- Meersalz
- schwarzer Pfeffer aus der Mühle

- 500 g Speisequark
- 2 Becher Schmand
- ½ EL Edelsüßpaprika
- ½ TL Chilipulver
- 1 Prise Meersalz
- schwarzer Pfeffer aus der Mühle

Kohl putzen, Strunk entfernen, in Streifen schneiden und 30 Sekunden in kochendem Salzwasser blanchieren. Danach abschrecken.

Rapsöl und Butter in einem Topf erhitzen und die Zwiebeln darin glasieren. Mit Port- und Weißwein ablöschen und kurz aufkochen lassen. Rinderfond aufgießen und aufkochen. Mit Majoran, Salz und Pfeffer abschmecken. Bei kleiner Hitze reduzieren, bis nur noch wenig Flüssigkeit übrig ist. Danach erkalten lassen. Vegetarier gießen Gemüsefond auf.

Den blanchierten Kohl kurz mit einem Pürierstab häckseln und zu der Zwiebelsuppe geben. Speisequark, Schmand, Edelsüßpaprika und Chili verrühren und mit Salz und Pfeffer abschmecken. Alles unter die Kohl-Zwiebel-Masse heben.

UNSER TIPP

Wenn man keine Lust hat die Zwiebelsuppe selbst herzustellen, kann man auch eine Zwiebelsuppe aus der Tüte unter die Creme mengen.

Rotkohl-Dip

- 100 g Rotkohl
- 50 g Rote Bete, klein gehackt, mit Saft
- 2 EL Zucker
- 4 EL Aceto Balsamico, rot
- 1 Prise Meersalz
- schwarzer Pfeffer aus der Mühle
- 1 Chilischote, fein gehackt
- 200 ml Gemüsefond (siehe Beilagen)

Rotkohl in feine Streifen schneiden, mit Rote Bete, Zucker, Balsamico, Salz, Pfeffer und Chilischote vermischen, marinieren und mehrere Stunden ziehen lassen. Anschließend Gemüsefond hinzugeben und fein pürieren. In Einweggläser füllen und nach Bedarf entnehmen.

Spitzkohl-Fenchel-Dip

- 100 g Spitz- oder Weißkohl
- 1 Fenchelknolle,
- 4 EL Aceto Balsamico, weiß
- 3 EL Zucker
- 2 Chilischoten, fein gehackt
- 1 Prise Meersalz
- schwarzer Pfeffer aus der Mühle
- 1 Zweig Thymian, fein gehackt
- 200 ml saure Sahne

Spitzkohl und Fenchel putzen und in feine Streifen schneiden. Mit Balsamico, Zucker, Chilischoten, Salz, Pfeffer und Thymian vermischen und marinieren. Zum Schluss die saure Sahne unterziehen und über Nacht ziehen lassen.

UNSER TIPP

200 ml Sahne mit 1 EL Zitronensaft vermischen, fertig ist die saure Sahne.

Spitzkohl-Pesto-Dip

- 200 g Spitzkohl

AMERICAN-DRESSING

- 150 g Joghurt
- 50 g Crème fraîche
- 30 g Ketchup
- 1 TL Senf, mittelscharf
- 4 TL Zitronensaft
- abgeriebene Schale von 1 Zitrone (unbehandelt)
- 1 TL Zucker
- ½ EL Schnittlauch, in Röllchen geschnitten
- ½ EL Petersilie, gehackt

KÜRBIS-PESTO

- 50 g Kürbiskerne
- 2 Schalotten, gewürfelt
- 4 Knoblauchzehen, gewürfelt
- 6 EL Parmesan, gerieben
- 1 EL Aceto Balsamico, weiß
- 1 Bund glatte Petersilie, abgezupft
- Meersalz
- schwarzer Pfeffer aus der Mühle

Spitzkohl klein schneiden und in kochendem Salzwasser 3 Minuten blanchieren.

AMERICAN-DRESSING

Alle Zutaten in eine Schüssel geben und verrühren.

KÜRBIS-PESTO

Alle Zutaten mit einem Pürierstab fein pürieren.

Blanchierten Spitzkohl und American-Dressing hinzutun und nochmals pürieren.

Biskuit

- 1 Ei
- 2 TL Zucker
- Meersalz
- 1 geh. EL Mehl
- 1 TL frischer Thymian, gehackt

Ei, Zucker und 3–4 Prisen Salz in einer Edelstahlschüssel über einem heißen Wasserbad schaumig und luftig aufschlagen. Anschließend über einem kalten Wasserbad kalt schlagen. Nach und nach Mehl in die Masse sieben und vorsichtig unterheben. Thymian hinzutun. Springform (28 cm Durchmesser) mit Backpapier auslegen, Teig darin verstreichen und im vorgeheizten Backofen bei 200 °C ca. 10–12 Minuten backen. Biskuitboden anschließend auf einem Kuchengitter abkühlen lassen.

Rote Bete

im Backofen gegart und geschält

Rote Bete im Backofen bei 180 °C ca. ½ Stunde garen. Abkühlen lassen und die Schale mit den Händen abreiben. Dazu empfiehlt sich Einweghandschuhe anzuziehen. Nach Belieben in Scheiben, Streifen oder Würfel schneiden.

Pikantes Kohl-Sößchen

4 Personen

- 1 EL Margarine
- 75 g Walnüsse, grob gehackt
- 1 Stange Staudensellerie, in kleine Stücke geschnitten
- 200 g Kürbis, geraspelt
- 1 kl. Spitzkohl, in feine Streifen geschnitten
- 2 EL Zucker
- 20 g frischer Ingwer, fein geschnitten
- ¼ TL Kurkumapulver
- 1 EL Mehl
- 400 ml Sojamilch
- 1 EL Senf, scharf
- 1 TL Meersalz
- schwarzer Pfeffer aus der Mühle
- 1 TL Gemüsefond (siehe Beilagen)
- 75 g Endiviensalat, in Streifen geschnitten
- 2 Birnen, geschält und gewürfelt

Margarine erhitzen und die Nüsse darin anbraten. Sellerie hinzugeben und kurz mitbraten. Kürbis und Kohl hinzutun, anbrutzeln, in der Pfanne schwenken und alle Gewürze einrühren. Mit Mehl bestäuben. Sojamilch hinzugießen. Senf, Salz, Pfeffer und Gemüsefond unterrühren und zum Kochen bringen. Sobald die Sauce eindickt, Endiviensalat und Birnen unterheben. Weitere 2 Minuten rühren und sofort servieren.

Diese Kohl-Sauce passt zu allen Fleisch- und Fischgerichten. Erkaltet ist sie auch vorzüglich als Dressing oder Dip geeignet.

Nordseeschmarren

von Kohlrabi und Kartoffeln

4 Personen

- 500 g festkochende Kartoffeln, gerieben
- 500 g Kohlrabi, gerieben
- 1 Ei
- ger. Muskatnuss
- 1 Prise Kreuzkümmel
- 1 Prise Chili
- versch. frische Kräuter, klein gehackt
- Rapsöl zum Braten

Alle Zutaten miteinander vermischen und abschmecken. Öl in einer Pfanne erhitzen, eine Lage Teig hineingeben und von beiden Seiten goldgelb braten. Anschließend wie beim Kaiserschmarren mit zwei Gabeln auseinander reißen und sofort servieren.

Rotkohlsaft-Sauce, -Creme oder -Dressing

- 600 ml Rotkohlsaft
- 1 Schalotte, gehackt
- 1 EL Butter
- 125 ml trockener Sherry oder Dessertwein
- 1 EL Speisestärke

Bei der Zubereitung von Rotkohl den überschüssigen Saft auffangen, indem man den Kohl durch ein mit einem Passiertuch ausgelegtes feines Sieb schüttet oder den Rotkohlsaft im Reformhaus kauft.

Schalotte in Butter bei kleiner Hitze glasieren. Sie sollte auf keinen Fall Farbe ziehen. Für eine Sauce mit Sherry als Salat-Dressing mit Dessertwein ablöschen. Rotkohlsaft hinzugeben und kurz aufkochen lassen. Mit etwas Speisestärke leicht abbinden. Für eine Creme geben wir noch 2 EL Schmand zum Rotkohlsaft hinzu.

UNSER TIPP

Die Speisestärke nach Geschmack in Kirschwasser, Rote-Bete-Saft oder einem kräftigen Fond glatt rühren.

Weiße Tomatensauce

4 Personen

TOMATENSAFT

- 10 große reife Tomaten
- 1 Knoblauchzehe
- 1 Zweig Estragon
- 5 Basilikumblätter
- je 1 Zweig Thymian und Rosmarin
- ½ TL Estragonessig
- Meersalz
- schwarzer Pfeffer aus der Mühle
- 1 TL Puderzucker

TOMATENSAUCE

- Tomatensaft
- ½ TL Speisestärke, mit Sahne angerührt
- 50 g eiskalte Butterwürfel
- 10 ml kalt gepresstes Olivenöl
- Meersalz
- Cayennepfeffer oder Tabasco

Alle Zutaten in einem Mixer zerkleinern. Mit Salz, Pfeffer und Zucker würzen. Anschließend auf ein Passiertuch gießen, alle vier Stoffecken miteinander verknoten, einen Kochlöffel hindurchstecken und über einem Topf abtropfen lassen. Die Gewinnung des klar austretenden Saftes dauert mehrere Stunden.

Tomatensaft erhitzen und mit der angerührten Speisestärke binden. Die Sauce vor dem Anrichten kurz aufkochen und die kalten Butterwürfel und das Olivenöl mit dem Pürierstab einmixen. Mit Salz und Cayennepfeffer abschmecken.

Béchamelsauce

4 Personen

- 50 g Butter
- 60 g Mehl
- ½ l Milch oder Kohlfond
- Meersalz
- weißer Pfeffer aus der Mühle
- 1 Prise ger. Muskatnuss

Butter in einem Topf zerlassen. Mehl hinein rühren, dabei den Topf vom Herd nehmen. Danach die Milch mit einem Schneebesen unter ständigem Rühren dazugeben. Alles 10 Minuten köcheln lassen und mit Salz, Pfeffer und Muskat würzen.

UNSER TIPP

Wir empfehlen bei einem Kohlgericht statt Milch ¼ l Kohlfond und ¼ l Sahne hinzuzugeben.

Pesto von glatter Petersilie

- 1 Bund glatte Petersilie, gewaschen und gezupft
- 2 Knoblauchzehen, gehackt
- 250 ml Rapsöl
- 2 EL geröstete Pinienkerne
- 1 TL geriebener Parmesan
- 1 EL Aceto Balsamico, weiß

Alle Zutaten miteinander vermischen und mit dem Pürierstab fein pürieren.

DIE AUTORIN

Marion Kiesewetter, Schauspielerin und Moderatorin, in Hamburg geboren, wurde als Köchin durch die TV-Sendungen „Bi uns to Hus", N 3, „Sonntagskonzert" und Johannes B. Kerners Kochsendung im ZDF bekannt. Ihre ebenfalls im Boyens Buchverlag erschienenen Kochbücher „Fürstliche Menüs – Schleswig-Holstein", „Fürstliche Menüs – Niedersachsen", „Fürstliche Menüs – Mecklenburg-Vorpommern", „Obst aus norddeutschen Gärten", „Auf Krabbenfang", „Eine Sünde wert ...", „Kann denn Süßes Sünde sein?" und „Nur Süßes im Sinn" entstammen der norddeutschen Region mit ihren erstklassigen kulinarischen Angeboten.

DER AUTOR

Günther Ahr ist ein renommierter Küchenchef. Seine Laufbahn weist erste Adressen auf wie die Hamburger „Schifferbörse", das Sternerestaurant „Landhaus Dill" an der Hamburger Elbchaussee, das berühmte Restaurant „Die Insel" an der Binnenalster, der „Old commercial room" am Hamburger Michel und viele mehr.
Seit mehr als zehn Jahren betreibt er nun im Büsumer Hafen sein eigenes weithin bekanntes Restaurant „Büsumer Krabbenstube zur Barkasse". Dort verwöhnt er täglich seine Gäste und hält einen führenden Platz im Ranking deutscher Spitzenköche.

DIE FOTOGRAFEN

Ursula Sonnenberg und ihr Mann Hans Dieter Kellner durchliefen beide eine Ausbildung zu Fotografen, sie mit einer Lehre, er auf der bekannten Münchner Akademie für Fotografie. Seit dreißig Jahren arbeiten sie im gemeinsamen Hamburger Studio an getrennten Aufgaben – sie mit „food" für Werbung und Verlage, er kreativ und technisch für die Industrie.

SUPPEN UND VORSPEISEN

HAUPTGERICHTE

DESSERTS

BEILAGEN

SUPPEN UND VORSPEISEN

HAUPTGERICHTE

DESSERTS

BEILAGEN

Fachausdrücke

Brunoise	sehr klein geschnittene Gemüsewürfel
Involtini	italienischer Begriff für Rouladen
Plattieren	Fleischstücke mit einem Plattiereisen, Fleischklopfer oder mit dem Boden einer Bratpfanne flach klopfen.
Glasieren	Lebensmitteln eine glänzende Oberfläche geben. Dieses geschieht durch Zugabe von erhitzter, geklärter Butter, Zucker oder Honig. Glasieren sagt man auch wenn etwas keine Farbe ziehen soll, z.B. beim Anbraten von Zwiebeln.
Nappieren	Speisen werden mit einer Soße überzogen.
Julienne	ein in sehr feine Streifen geschnittenes Gemüse
Tranche	eine Schnitte von gekochtem oder gebratenem Fleisch

Maßeinheiten

cl	Zentiliter
ml	Milliliter
EL	Esslöffel
gest. EL	gestrichener Esslöffel
TL	Teelöffel
gest. TL	gestrichener Teelöffel
g	Gramm
kg	Kilogramm
m.-große	mittelgroße
Msp.	Messerspitze
n. B.	nach Belieben/Bedarf
Pck.	Päckchen
Port.	Portion/en

Wir bedanken uns für die freundliche Unterstützung bei den Firmen

PETERSEN
Getränke-Fachgroßhandel

Geschäftsführer
Karl-Peter Tadsen
Gutenbergstr. 24–26
25813 Husum

Weinhandlung und
Appartement-Vermietung
HAFENBLICK

Ernst Brokbals
Johannsenstr. 2–4
25761 Büsum

BOYENS
BUCHVERLAG

ISBN 978-3-8042-1338-8

Autoren: Marion Kiesewetter, Günther Ahr
Redaktion: Marion Kiesewetter
Fotos: Ursula Sonnenberg, Hans Dieter Kellner
Promotion: Hartmut Kiesewetter
Herstellung: Boyens Buchverlag
Herstellungsbetreuung: Tanja Sponholz
Gestaltung und Layout: Dörte Kromrei
Druck: Boyens Offset, Heide
Printed in Germany